영업에서 내가 알게 된 것들

영업에서 내가 알게 된 것들

**초판 1쇄** 2021년 10월 28일
**지은이** 박영민 | **펴낸이** 송영화 | **펴낸곳** 굿웰스북스 | **총괄** 임종익
**등록** 제 2020-000123호 | **주소** 서울시 마포구 양화로 133 서교타워 711호
**전화** 02) 322-7803 | **팩스** 02) 6007-1845 | **이메일** gwbooks@hanmail.net

© 박영민, 굿웰스북스 2021, *Printed in Korea*.

**ISBN** 979-11-91447-77-4 03320 | **값** 15,000원

※ 파본은 본사나 구입하신 서점에서 교환해드립니다.
※ 이 책에 실린 모든 콘텐츠는 굿웰스북스가 저작권자와의 계약에 따라 발행한 것이므로
　인용하시거나 참고하실 경우 반드시 본사의 허락을 받으셔야 합니다.
※ **굿웰스북스**는 당신의 풍요로운 미래를 지향합니다.

# 영업에서
# 내가 알게 된
# 것들

박영민 지음

나는 3.3.3 법칙으로 억대 연봉자가 되었다!

**300명의 명단, 30명의 고객, 3명의 동료!**
**영업으로 독자적인 부의 원천을 만들어라!**

굿웰스북스

# 프롤로그

1992년 4월, 내 나이 32살 되던 해에 나는 내 속에 있던 나를 만났다.


나는 멋있게 살고 싶다!

나는 베풀며 살고 싶다!

나는 사랑받으며 사랑 주며 살고 싶다!


이것이 '나'라는 것을 알게 되었다. 그때부터 마음이 시키는 대로 선택하고 도전했다.


50만 원을 가지고 제품(화장품, 식품)을 구매해서 판매해보기로 했다. 첫째 달은 연습 삼아 했는데 신기하게도 제품이 판매되었다. 둘째 달부터 목표와 계획을 세우고 5백만 원어치 제품을 구매해서 5만 원 주고 산

캐비닛에 넣어놓고 활동했다. 내가 할 수 있는 성실부터 실천했다. 작은 실천을 꾸준히 했을 뿐인데 소중한 경제적 자유, 시간적 자유, 사람으로부터의 자유를 얻었다.

행복의 첫 번째 조건은 건강이다. 건강해야 무슨 일이든 할 수 있다. 그런 면에서 내가 하는 건강과 아름다움을 전하는 일은 나도, 남도 살리는 일이었다. 건강하기 위해서는 예방이 상책이다. 또 질병을 예방하기 위해서는 면역력을 높여야 한다. 나를 만나는 사람이 건강해지는 소소한 일상의 활동을 한 지 30년이란 세월이 눈 깜짝할 사이 흘렀다.

코로나라는 팬데믹이 몰아칠 거라고는 그때는 몰랐다. 가치 있고 보람 있게 살고 싶었던 나는 덕분에 지금 선방하고 있다. 요즘에는 코로나19 때문에 힘든 분들이 정말 많아졌다. 어려울 때일수록 더욱 나서서 고객을 챙겨주려고 실천하고 있다.

나를 사랑하고, 가족을 사랑하는 사람들이 더욱 많아지는 명소로 나의 일터, 화명 중앙을 만들어가고 싶다. 그러다 보면 면역 강국 대한민국을 만드는 데 보탬이 되기 때문이다. 오랜 시간 일하면서 깨닫게 된 것은 인생이라는 시간이 너무나 아깝다는 것이다. 1분 1초도 그냥 보낼 수 없다. 단 몇 분이라도 흘려보내거나 무의미하게 보낼 수 없다. 잠을 자는 시간도 아까울 때도 있다. 나는 무엇인가 할 때 행복함을 느낀다.

내가 경험한 건강과 아름다움을 전하며 보람 있었던 일이 누군가에게 조금이나마 희망과 용기가 되었으면 하는 바람으로 책을 쓰고 싶었다. 꿈 노트에 적어놓았던 막연한 책 쓰기에 대한 소망이 기적처럼 현실이 되었다. 열정과 따뜻함을 가지고 계신 〈한국책쓰기1인창업코칭협회(한책협)〉 김도사(김태광)님을 만났기에 가능했다. 책 쓰기 수업을 신청했는데 코로나19가 발생했다. 서울과 부산을 오지도 가지도 못하는 상황이 되었다. 그 상황에서도 김도사님은 책이 나올 수 있도록 끝까지 함께해주셨다. 너무나 감사하다. 책이 나올 수 있도록 함께해주시고 마무리까지 도와주신 굿웰스북스 출판사 여러분께도 감사드린다.

머나먼 타국, 열대지방에서 농사짓고 연구해서 '자연의 혜택을 인류에게'라는 기업 철학으로 좋은 제품 만들어주시는 유니베라 이병훈 회장님과 보이지 않는 곳에서 뛰고 있는 직원들, 전국의 대리점 사장님, 유피님께 감사하다.

내 가장 가까운 곳부터 시작하여 길 위에서 사람과 사람 사이에서 대한민국의 면역 강국을 위하여 손 성실, 입 성실, 발 성실로 열심히 뛰며 기쁨과 슬픔을 함께하는 '화명 중앙 행복한 부자'들에게 감사하다.

열심히 사는 사람은 누구나 친구 되어주며 정체성이 있는 사람은 자존감이 높으니 어려움도 이겨낼 수 있는 품격 있는 사람으로 살아갈 수 있다고 답을 주시며, 오늘도 '기본에 충실하면 큰일을 할 수 있다'며 끊임없이 용기를 주시는 우리들의 영원한 스승 '대성레미콘' 김명식 회장님을 만났기에 이 모든 일이 가능했다.

음으로 양으로 도와준 가족께 감사하다. 일하는 엄마를 만나 태어나자마자 남의 손에서 자라야 했고 어려서부터 스스로 갈 길을 선택하며 멋진 하피스트가 되었고 또 다른 꿈을 향해 도전해가는 내 딸 인애를 믿고 응원하며, 고맙다는 말을 전하고 싶다.

모든 것이 하나님의 은혜다!

2021년 10월
꿈을 이루는 행복한 일터에서 박영민

# CONTENTS

## PART 2_ 나는 3.3.3 법칙으로 억대 연봉자 되었다

## PART 3_ 재구매 되는 고객 유지 8가지 방법

## PART 4_ 충성 고객으로 만드는 8단계 기술

## PART 5_ 영업은 나의 브랜드를 만드는 일이다

# PART 1

# 삶이 곧
# 영업이다

# 01
# 삶이 곧 영업이다

30년 전 4월 어느 날, 이렇게 살고 싶지 않다는 생각이 강하게 나를 흔들었다. 그러던 중 동네에서 옷 가게를 하던 분이 교회에 가자고 해서 따라갔다. 4월은 예수님이 우리의 모든 문제를 해결하려고 십자가에서 돌아가신 고난 주간이 있는 달이다. 우리도 감사의 표시로 하루 한 끼에서 3일까지 금식 기도를 하게 되었다. 나는 3일 금식이 얼마나 힘든 건지 모르고 따라 했다. 지금도 기억난다. 배가 너무 고프고 모든 힘이 빠져나가서 낮아질 대로 낮아진 상태가 되었다. 그리고 태어나서 처음 내가 어떻게 살고 싶어 하는 사람인지 알게 되었다.

3일 간의 금식 기도를 마친 후 마음 깊은 곳에서 울려오는 소리는 '나는 멋있게 살고 싶다.', '나는 베풀며 살고 싶다.', '나는 가족에게 사랑받고, 사랑을 주는 사람이 되고 싶다.'였다. 지금도 어제처럼 생생하게 기억난다. 그 단호했던 내면의 울림. 지금 생각하면 그때부터 나에게 변화와 행운이 시작되었다.

다음날 길을 가다가 그동안 보지 못했던 '주부 사원 모집'이라는 현수막이 눈에 띄었다. 나는 글귀에 이끌려 4층으로 올라갔다. 여직원 한 명이 일하고 있었다. "여기서 일하려면 어떻게 하면 되나요?" "등본 2장과 사진 2장 가지고 내일 아침 10시까지 오세요." "이력서는 필요 없나요?" "네…." 그렇게 나는 한 번도 가보지 않은 길, 영업 인생을 시작하게 되었다. 그곳은 남양 알로에(현 유니베라) 대리점이었다. 기억으로는 10여 명 정도의 사람들이 사무실에 앉아 있었다.

영업이 무엇인지 어떻게 하는지, 해본 적도, 들어본 적도, 배운 적도 없는 나는 첫날 그냥 막연히 나만 열심히 하면 다른 사람에게 도움도 줄 수 있고 성공도 하고 미래에는 부자도 될 수 있을 것 같다는 생각이 들었다.

언제든지 하늘을 바라볼 수 있는 여유, 좋아하던 커피를 마실 수 있는 시간적인 자유가 좋았다. 나는 중학교 2학년이 되면서 전기가 들어올 정도의 '깡촌'에서 태어났다. 2남 3녀 중 막내로 태어난 나는 부끄러움이 많아서 친척이나 친구 집에 놀러 가지도 못했고 이웃집에 가서 '못' 하나도 빌려오지 못하는 아이였다. 어른이 되어서 가게 된 교회에선 말이 없고 조용해서 애칭이 지리산 처녀였다. 그렇게 조용하고 소심했다. 그래도 어렸을 때 엄마의 심부름으로 이웃집에 갖다주라는 것은 신이 나서 갖다 주었다. 나중에는 자꾸 퍼주던 엄마가 이해되지 않기도 했지만, 심부름 만큼은 잘했다.

영업이라는 일은 그때처럼 자꾸만 가치 있고 좋은 점들을 설명으로 갖다주고 상품으로 갖다주면 되는 일 같았다. 지금 생각해보면 좋은 일이든 안 좋은 일이든 모든 지난 일들은 다 발판이 되어 무슨 일을 하든지 도움이 되었다.


좋은 것을 적극적으로 나누는 일이 영업이라고 생각되었다. 첫날부터 용기를 내어 상품을 들고 판매하러 나갔다. 기다려주는 곳도 없었고 오라고 하는 사람도 없고, 갈 데도 없었다. 아무 곳이나 발길 닿는 대로 다녔다. 당연히 판매는 되지 않았다. 거절을 당해도 웃음이 나왔다. '그래, 내가 제품을 제대로 공부하지도 않았고 영업을 배우지도 않았으니 거절은 당연한 일이야!' 있는 그대로의 사실로 받아들였고 처음 느껴본 낯선 거절에도 일이 있다는 생각에 희망이 생겼고 행복했다. 다음 날 10년 동안 한 직장에서 힘든 일을 함께 돕고 위로하며 지냈고, 우리 언니 집까지 함께 찾아가 부침개를 부쳐 먹으며 어깨를 맞대고 울어주었던 친구를 찾아갔다. 안정된 결혼 생활을 하며 사는 모습이 좋아 보였다. 나는 열심히 잘해보고 싶은 좋은 일을 찾았다고 흥분된 어조로 말하고 제품의 장점을 설명했다. 그 친구는 냉정하게 그런 소리 하려거든 찾아오지 말라고 했다. 너무 쌀쌀맞은 반응에 당황했지만, 내색하지 못하고 돌아오는 길엔 만감이 교차했다. '이렇게 배워가는 거야.' 스스로를 위로했다. 그날 이후 세상을 만만하게 생각하고 쉽고 편하게만 살려고 했던 지난날을 반성하게 되었다. 나를 들여다보니 할 줄 아는 것이 없다는 걸 알게 되었다.

시간을 절약해야겠다는 생각으로 다음 날 오랫동안 길렀던 긴 생머리를 단발로 잘랐다. 큰 키 때문에 운동화에 청바지만 입던 나는 10㎝ 하이힐을 신기 시작했다.

빨간색, 하늘색, 흰색 정장 옷을 세 벌 샀다. 세 벌의 옷을 수십 벌의 옷으로 탄생시켰다. 빨강 상의에 흰색치마, 흰 상의에 하늘색 치마. 파란 상의에 빨간 치마 이런 코디 방법으로 나만의 유니폼을 만들어 입었다.

출근 시간은 10시에서 8시 30분으로 앞당겼다. 사무실 청소와 화장실 청소는 물론 화초도 갖다놓았다. 아무도 시키지 않았지만, 사원들이 출근할 9시 30분에서 10시까지 문 앞에서 출근하는 사람들을 웃으며 인사로 맞이했다. 커피, 책자 등을 나눠주고 필요한 건 없는지 일일이 돌아다니며 챙겼다. 대리점 분위기가 생기 넘치기 시작했다.

나는 살면서 누군가가 늘 해주는 걸 받기만 해왔다. 투정 부리고 도시락을 안 가지고 학교에 가면 아버지가 가져다주셨다. "엄마, 돈!" 하면 어떻게든 마련해주셨고 "언니 화장품!" 하면 화장품이 생겼고 "녹음기!" 하면 녹음기가 내 앞으로 왔다. 그렇게 사는 것이 인생인 줄로만 알았다.

누군가는 나를 위해 희생했기에 가능한 일이었는데 고마움을 모르고 살았다. 바닥을 몰랐기에 거품으로 살고 있다는 것도 모르고 살았다.

나이가 들어가도 힘든 일이 생기면 고통스러워서 피하며 살고 있었다는 걸 그때 알게 되었다. 나는 운 좋게 영업을 통해서 나의 미성숙했던 진짜 모습을 볼 수 있게 된 것이다.


동료들과 대화해보면 출근하는 이유가 남편도 반대하고 돈도 필요하지 않지만, 시간이 남아서, 심심해서 그냥 출근한다고 했다. 그러면서 의미도 없는 허무한 잡담으로 삼삼오오 모여 하루하루 소중한 시간을 버리며 보냈다. 자기 생각과 다르면 화를 내기도 했다. 그 상황이 되면 주위에 있는 사람들은 다 기분이 안 좋아진다. 그런 안타까운 분위기에서도 나는 성공도 하고 멋지게 살고 싶어서 출근한다고 누구에게나 당당히 말했다.

그때 내 마음은 가문을 바꾸는 사람이 되고 싶었다. 그런 꿈이 생기고부터 부족한 걸 채우기 위해 일과를 마치고 서점으로 갔다. 그 당시에 영업에 관한 책은 귀했다. 책이 헤어지도록 읽었던 지그 지글러『정상에서 만납시다』,『시도하지 않으면 아무것도 할 수 없다』등의 책을 읽고 카세트테이프를 늘어질 때까지 듣고 또 들었다. 데일 카네기『인간관계론』,

『자기관리론』, 브라이언 트레이시, 나폴레옹 힐 등을 비롯하여 수많은 책을 읽고 테이프를 들으며 행동에 집중했다. 게으름과 나태함에 길들여져 있는 나의 의식과 행동을 바꾸며 일했다. 그때부터 나 자신에게도 타인에게도 솔직하게 살겠다고 다짐했다.

꿈과 비전은 높은 곳에 올려놓고, 몸은 철저히 바닥에 내려놓고 행동하며 살겠다고 마음먹었다. 생각과 행동을 바꾸었는데 사물이 참 다르게 보였다. 스치는 바람에도 평안함과 기쁨을 느낄 수 있었다.


나만의 영업 활동 시스템을 만들었다. 먼저 네모나고 큰 서류 가방을 사서 화장품으로 가득 채웠다. '해 떨어지기 전에 집에 안 들어간다!' 나와 약속했다. '하루 10만 원 판매하지 못하면 집에 안 들어간다!' 다음 목표는 가방 비우기, 하루 20만 원 판매하기, 그 다음 목표는 월, 화, 수, 목, 금, 토, 일 숨겨진 황금어장 땅을 정해서 그 요일에는 그곳을 꼭 방문하여 샅샅이 한 집도 빠지지 않고 돌았다. 그 1년의 짧지만 절실하게 집중했던 기간은 평생 먹고도 나눌 수 있는 황금알을 낳는 거위를 내 안에 키운 시간이 되었다.

영업은 나에게 모든 것이 '감사'하다는 걸 깨닫게 해주었다. 부모님이 나를 낳아주신 것만도 감사했고 목소리가 허스키한 것도, 키가 큰 것도, 잠잘 수 있는 방이 있다는 것, 평소에 불만으로 느꼈던 모든 것들이 다 감사했다.

영업은 내 인생에 '먼저'라는 자유를 선물로 주었다. 무슨 일이든 먼저 했다. 먼저 웃으며 인사하고 칭찬과 용기도 북돋아주려고 노력했다. 먼저 실천하다 보니 따라가는 삶이 아니고 이끌고 가는 주인적인 인생이 되었다. 다른 사람이 앉아 있을 때 조금만 먼저 움직이고 조금만 손해 보면 된다고 생각했다.

시골에서 태어나 들꽃을 좋아하는 소녀는 20대를 무지하게 살았다. 인간 막대기에 많이 아팠고 절망에 빠져 고통스러웠던 적도 많이 있었다. 너무 아픈 사람은 울 수 없다. 말로 표현할 수도 없다. 허공만을 바라볼 뿐이다. 이렇다! 저렇다! 말할 수 있다는 것은 덜 아픈 것이니 감사한 일이다.

어느 날 만화 영화의 주인공이 울면서 뛰어가며 '착하게 살려면 똑똑해야 해.'라고 반복하던 여운이 내 가슴에 깊이 새겨졌다. 이후로 나는 어디를 가든지 누구를 만나든지 배운다는 마음으로 살아갔다. 잘난 사람에게는 잘난 점을 배우고 못난 사람에게는 저렇게 하지 말아야지 하면서 배웠다. 누구든 내게는 다 배워야 할 대상이다. 공부란, 길 위에서 만나는 경험에서 시작되는 것이었기 때문이다.

30살이 되면서 영업의 길에 초대를 받아 행복한 만남의 축복과 자유를 누리게 되었다. 언제 어디서나 내가 주인공인 '수처작주(隨處作週)'의 삶으로 살고자 했다. 내가 주인공이듯 누구나가 주인공이다. 누구나 장점

단점이 있다. 장점 한 가지, 단점 아흔아홉 가지를 가진 사람을 만나더라도 나는 한 가지 장점을 보려고 했다. 그러면서 '키우는 사랑'을 할 수 있는 성실함과 인내심을 오랜 시간 동안 훈련시키며 살 수 있었다. 내 앞에 있는 누구든 변장하고 나온 임금이라 생각하려고 했다. 그럴 때 마음의 여유와 교만함이 없어졌다.

나에게 영업은 먼저 줄 수 있는 복 있는 사람으로 만드는 행복 시스템이 되었다.

나에게 영업은 풍요롭고 품격 있는 사람으로 살게 하는 지렛대가 되어주기도 했다.

나에게 삶이 영업이고 영업이 곧 삶이었다.

## 02
# 당신의 꿈은 무엇입니까?

露積成海(로적성해). 이슬이 모여서 바다가 된다. 작은 것이 쌓여서 큰 것이 되는 것이 세상 이치이다. 세상은 불공평하다고 말하고 나만 피해 자인 것처럼 생각하고 말하는 사람도 있지만, 무엇인가를 이룬 사람은 대부분 작은 것부터 쌓아서 이룬 것이다.

나에겐 참 많은 꿈이 있다. 세계 여행하며 각 나라에서 한 달 살기 체험하기, 영업에 관한 책 쓰기와 동기부여 자기 계발 코칭가 되기, 강연가 되기, 문화센터가 겸비된 정원이 아름다운 힐링센터 건립하기, 교회 100개 개척하기, 지금 하는 유니베라에서 전국 1등 하기, 선한 영향력을 끼치는 억만장자 되기 등 수없이 많다. 또 영적으로 육체적으로 사람 살리는 전문가가 되고 싶다. 뒤돌아보면 항상 부끄럽다. 자격도 안 되면서 판단하고 완벽하게 살고 있다고 믿고 살았다는 점이다. 그때는 내가 아는 고집과 아집으로 사는 삶이 잘 사는 일인 줄 알았었다. 많은 시간 일하며 공부하지만, 아직도 잘 모르기에 깨닫고 실천하는 하루하루가 소중하다.

그때부터 나는 꿈 노트에 하고 싶은 일이 생각날 때마다 기록으로 농사짓는 마음으로 심는다. 먼저 기록으로 심은 수백 가지의 꿈 씨앗들은 자라나서 어느 날 열매가 되어 내게로 왔다. 날마다 하고 싶은 일, 갖고 싶은 것 모두 적는다.

신입 사원이 입사하면 첫 만남에서 나는 꿈이 뭐냐고 묻는다. 꿈은 인생 내비게이션이다. 어디로 어떻게 가야 하는지 방향을 정해놓고 가는 사람과 그렇지 않은 사람의 차이는 처음엔 차이가 나지 않지만, 시간이 지날수록 큰 차이가 난다. 그래서 나는 꼭 꿈 노트를 선물로 주고 농사짓는 마음으로 함께 기록해나갔다.

처음 내가 꿈 노트에 꿈을 적을 때는 과수원 사기, 리조트 이용권 사기, 1억 모으기 프로젝트, 10억 모으기 프로젝트, 바다가 보이는 집에서 살기, 내 아이가 맘껏 보행기 타고 다닐 정도로 거실이 넓은 집에서 살기 등 많았다. 그런 꿈들을 노트에 적어놓고 열심히 하루하루 성실히 살다 보니 신기하게 모두 이뤄졌거나 이뤄나가는 과정에 있다.

꿈은 내가 원하는 삶으로 인도해준다. 늦은 밤 나만의 시간에 꿈 노트를 꺼내 보며 꿈 씨앗을 설레고 기대되는 마음으로 심는다. 현재 내가 진행 중인 꿈은 '나를 만나는 사원들 연봉 1억 실력자 만들기!' 큰 나무 밑에는 그늘에 가려 큰 나무가 자랄 수 없지만 큰 사람 밑에는 더 큰 사람이 나온다. 청출어람(靑出於藍), 제자가 스승보다 더 나을 수 있다는 믿음을 가지고 실천해나가고 있다.

유니베라(남양 알로에)는 전국 2만여 방문판매 사원과 400여 개의 대리점이 있다. 대리점의 단계는 처음 특약점부터 지사, 영업국으로 구분되며 사원 수와 매출 기준을 3개월 유지하면 다음 단계로 승격하는 시스템이다. 처음 혼자 시작한 나는 지금도 10년 내에 승격하기 힘든 조건을 해냈다. 매일 출근 사원 50명 이상, 월 매출 1억 이상 해야 하는 영업국 승격을 1997년 12월을 시작으로 1999년 6월까지 1년 6개월 만에 해냈다.

나는 날마다 '출근하는 사원들에게 뭘 주면 좋아할까? 어떤 이벤트로 재미있게 해줄까? 어떻게 가치를 전달할까? 어떻게 함께 행복한 부자로 성공할까?' 하는 것만 고민했고 떠오르는 대로 계산하지 않고 바로 행동으로 옮겼다. 초 미니스커트에 보석 달린 10센티 구두를 신고 겨울에도 민소매 원피스 차림으로 일주일에 김치를 일곱 번씩 담그고 날마다 고등어조림을 한 솥씩 해서 수많은 사람을 먹였다. 아무 생각 없이 그냥 재미있고 신났다.

매일 활동 시스템 4총(총 출근, 총 활동, 총 판매, 총 귀소)을 만들어 꾸준히 일하는 습관으로 실력을 키워갔다. 1월부터 12월까지 날마다 이벤트를 생각했다. 월초 첫날은 출정식으로 시작하여 일할 때 필요한 샘플과 필요한 제품 등을 지원하고 매월 초 첫 주에는 날마다 대박 상으로 지원해나갔다.

계절별로는 봄꽃 축제, 딸기 축제. 전어 축제, 국화꽃 축제, 나눔 축제 등을 열었다. 연말에는 우리가 판매하는 알로에 제품부터 생활에 필요한 가전제품, 냉장고, TV, 노트북, 이불, 그릇 등으로 축제를 열어서 성과에 대한 보상을 나누었다. 생각해보면 날마다 에너지가 샘물처럼 솟아 나왔다. 삶도 일도 샘물과 같다. 주고 또 주고 퍼주어도 넘치고 채워진다.


늦은 철이 들면서 30대에 영업이라는 행복으로의 초대에 들어섰다. 꿈을 이루기 위해서 어린 시절 배울 때는 20년 후, 30년 뒤를 계획하며 차곡차곡 시간을 두고 배우면 된다. 하지만 나이 들어 배워서 성공하려니 시간적인 여유가 부족하다는 걸 알게 되었다.

자신의 한계에서 점프해야 한다고 생각하게 되었다. 그러기 위해서 먼저 나를 아는 것이 중요하다. 나는 나를 못 믿겠다는 판단이 들었다. 그래서 뭐든지 먼저 저지르고 책임져 나가는 방법을 선택했다. 끝에서부터 시작하는 방법이다. 예를 들어 3백만 원을 벌고 싶다면 그에 맞는 매출의 제품을 출고해서 눈앞에 놓아두었다. 금액이 천만 원이라면 매일 보면서

20일로 나누어 판매하면 하루 50만 원씩 판매하면 된다. 50만 원을 판매하기 위해서는 5명에게는 10만 원씩 판매하면 되고, 5만 원씩 판매하면 10명에게 판매하면 된다. 코끼리를 냉장고에 통째로 넣을 수는 없다. 잘라서 넣어야 하는 방법이다. 무슨 일이든 쪼개서 하면 쉽게 해낼 수 있다. 생각하니 답이 나왔다.

나이 들어 뒤돌아보니 시간이 가장 큰 자본임을 알게 되었다. 맘껏 뛸 수 있는 30년, 50년, 60년의 긴 시간적 여유가 없다. 그렇기에 일을 할 때도 물건을 살 때도 투자할 때도 점프하는 것을 습관화하였다. 한 달 100만 원, 200만 원 판매하면서 실력을 키우는 것이 아니었다. 500만 원에 도전해놓고 실력이 키워지면 1,000만 원에 도전하고, 실력 키우고 2,000만 원에 도전하여 실력 키우는 방식이다. 목표는 바꾸지 않고 방법을 계속 바꾸면서 도전했다.

일을 해결하는 근육이 실력이다. 바쁘게 뛰어다니다 보면 내가 해야만 하는 일들도 어느새 정리되어 있었다. 성경, 고린도전서 10장 13절의 "사람이 감당할 시험밖에는 없나니 오직 하나님은 미쁘사 너희가 감당하지 못할 시험 당함을 허락하지 아니하시고 시험당할 즈음에 또한 피할 길을 내사 너희로 감당하게 하시느니라"라는 구절은 너무나 믿어지고 체험된 말씀이다.

나는 일을 만들어서 한다. 감당할 만큼 힘껏 하다 보면 힘에 부치고 몸은 힘든 것 같지만, 오로지 일에 집중할 수 있고 시간이 지난 후 많은 결과물을 남기게 되는 나만의 비법이다. 그렇게 나는 미리 사서 고생한다.

일에 도전할 때, 저축할 때, 물건을 구매할 때, 투자할 때 언제나 약간 힘에 부치게 한다. 이런 방법을 통하여 이뤄내는 기쁨을 알기 때문이다. 내 생애 첫 번째 차는 현대 엘란트라 네이비 색상을 구매했다. 두 번째 차는 그랜저 XG를 구매했다. 사람들은 왜 중간 쏘나타를 사야지 그랜저를 사느냐고 훈수를 두었다. 3번째는 벤츠E 클래스 350을 샀다. 자동차 보험 하는 사람들이 나를 궁금해했다. 어떤 사람이기에 단계가 없느냐는 궁금함이었다.

시간도 아끼고 좋아하는 것도 오래오래 누리고 싶어서이다. 습관적으로 나는 무엇을 사든지 좋은 걸 사서 오래 쓴다. 사람도 내가 먼저 떠나는 일은 거의 없다. 생각해보면 운 좋게 내가 잘하고 싶고 잘할 수 있는 좋아하는 일을 만났다. 이루고 싶은 빛의 경제와 시간적 자유도 누릴 수 있게 되었다.

마음 크기와 꿈의 크기도 한계 없이 무한대로 할 수 있는 일이기에 지루할 틈도 시간도 없다. 늘 새롭고 재창조의 시간이 필요할 뿐이다. 일도 사람과의 관계도 사랑해야만 어두운 부분도 보이고 밝은 부분도 보인다. 열심히 살아가는 사원들의 샌들 신은 발뒤꿈치만 봐도 마음이 찡하다. 앞만 보고 달려온 나를 보는 것 같아서 그렇고 끊임없는 자신과의 약속을 지키며 살아가는 모습이 예쁘고 사랑스러워 그렇다.

내가 이루고 싶은 꿈, 인생 작품은 사람 살리는 전문가이다! 내가 독립 운동가였다면 나라를 위해 자유와 평등을 외쳤겠지만 지금 나는 지구의 한 모퉁이에서 매일매일 만나는 사람들과 소소한 인사를 나누며 영적, 육체적으로, 사회적으로 건강과 아름다움을 전하고 있다. 어제보다 나은 면역력을 책임지며 살도록 힘쓰고 있다.


'행복'은 도구이다.

등산할 때 등산화가 필요하고 수영장에 가면 수영복이 필요하고 나사를 조일 때는 드라이버가 필요하다. 먼 길을 떠날 때는 자동차나 비행기 또는 입장 티켓이 필요하듯이 행복은 순간순간 느끼는 것이지 날마다 영원히 가지고 갈 수는 없는 것이다.

커피 한잔을 마실 때 느끼는 행복함, 아이를 보고 있을 때의 행복함, 고객이 제품의 효과를 본 후 감사하다고 말해줄 때도 행복하다. 가족을 위해 맛있는 밥을 지을 때, 청소를 깨끗이 하고 난 뒤 행복감 등 이루 헤아릴 수 없는 것이 행복이다. 잠시만 생각해봐도 행복의 조건들은 넘친다. 남과 비교하면 행복은 멀어진다.

오늘 작은 행복에 감사하고 내일 이룰 꿈을 연구하며 살아갈 때, 적어도 우리가 그리는 크기만큼의 꿈은 이룰 수 있다고 생각한다.

**03**

# 영업은 인생의 축소판이다

영업도 인생도 인과응보의 법칙 심은 대로 거둠의 법칙으로 정확히 나타난다. 참외를 심으면 참외가 열리고 복숭아를 심으면 복숭아가 열린다. 사랑 심으면 사랑이 나고 미움을 심으면 미움이 난다. 긍정을 심으면 에너지가 생기고 부정을 심으면 두려움이 생긴다. 돈을 심으면 돈이 난다. 심는 것은 우리 각자의 자유지만 결과는 최소 10배, 100의 열매가 열리는 것이다. 무엇을 심느냐가 중요하다. 마음의 생각이 보이는 현실이다. 이런 사실을 알기에 아무리 가까운 사람에게도 나는 푸념, 하소연하지 않는다. 푸념의 열매는 허망함이라는 열매가 열리기 때문이다. 인생도 막상 부딪혀보면 강한 사람이 별로 없듯이 영업도 너무 어렵게 생각하지 말고 부딪혀보면 방법이 생기게 되었다. 내가 목표를 세운 만큼 정성을 들인 만큼 결과는 정직하다. 영업도 인생도 나의 심장을 주어야 상대방의 심장을 얻을 수 있다.

나는 영업을 할 때는 물론이고 평소에 어디를 가든 누구를 만나든 여행하는 마음과 공부한다는 마음으로 했다. 평상시의 생활 습관도 만 리여행(行萬里路)을 통해 만권의 책을 읽은 것과 같다는 것을 알았기 때문이다. 만 권의 책 읽기(讀萬卷書)를 하면 과거, 현재, 미래의 만 리를 내다보는 안목이 생겨 폭넓게 살 수가 있을 것 같았다. 그래서 만 권의 책 읽기를 꾸준히 하려고 했다.

한 사람을 만나는 일은 그냥 한 사람이 아니고 그 사람의 오랜 역사와 문화가 나에게 오는 수십 권 책을 마주하는 일이다. 나는 누구를 만나든 눈에 보이는 것보다는 마음으로 보려고 했고 듣기와 질문으로 솔직한 만남을 이어갔다. 들을 때 더 많은 창의력과 상상력이 생기며 답도 보였다.

현장에서 한 집 두 집 방문할 때는 그 사람만의 장점을 배우는 자세로 임했다. 정리 정돈을 잘하는 사람을 만나면 배워서 실천하고 요리를 잘하는 사람을 보면 따라서 해보기도 했다. 베풀기 잘하는 사람을 보면 그렇게 해보려 노력했다. 그러다 보니 사람과 가까워지고 친구가 되는 방법도 배우게 되었다. 자유를 누리게 되니 사랑하게 되었다.

영업은 원하는 만큼 돈도 벌 수 있으면서 맘껏 공부도 할 수 있는 졸업 없는 인생 대학이다. 많은 사람을 만날 수 있는 자격증이 공짜로 주어지기도 한다. 요즘 같은 스마트 시대에는 문자, 카톡, TM, DM 등의 만남과 직접 방문 등 다양한 방법으로 많은 사람을 만날 수 있다. 영업사원 명함 하나만 들고서 안방까지 들어갈 수 있다. 화장대 화장품 설계를 해줄 수 있는 특권이 생긴다. 욕실의 데일리 케어 관리 제품과 헬스 케어 관리도 해줄 수 있는 돈 버는 봉사이며 너무나 보람 있는 일이다.

누구를 만나느냐에 따라서 삶의 방향이 달라진다. 현장에서 뛸 때 우연히 만난 사람들과 친자매처럼 돈독한 사이로 발전하는 일이 많았다. 나는 작은 만남에도 특별한 마음의 정성을 쏟았다. 매일매일 만날 사람들의 명단을 작성하고 취향과 관심사에 맞춰 차 뒷좌석에 선물을 실었다. 꽃을 좋아하는 사람을 위해 꽃을 준비하고 빵, 책을 준비했다. 아기가 있는 집을 방문할 때는 머리핀이나 머리 방울, 장난감을 준비해서 만났다. 샘플 체험제품은 기본으로 정성껏 준비해서 만났다.

'정기본만사리(正基本萬事理).' 기본만 잘해도 70%는 영업도 삶도 이기게 된다. 영업도 인사가 기본이고 삶도 그러하다. 상대를 보고 웃었는데 나도 기분이 좋아진다. 10번 만나도 처음 만난 것처럼 반갑게 인사한다. 그런 성실함은 마음과 태도에 여유가 생기고 나를 만나면 편안하게 느끼게 된다.

사람은 큰 바위에 넘어지지 않는다. 작은 돌부리에 넘어지게 되어 있다. 작은 것이 큰 것이다. 장사도 일주일 매출 200만 원 해놓고 한 달 공치는 것보다는 꾸준한 10만 원 큰 것이다. 일할 때도 작은 것부터 차근차근 판매하여 제품의 가치를 알게 하고 나에 대한 신뢰가 쌓이게 되면 큰 제품으로 이어지게 되고 소개로 이어진다. 나는 작은 것을 많이 팔려고 노력했다. 크게 팔리는 것은 덤이다. 우리 제품은 식약청에서 첨가해도 허가를 내어주는 화학성분을 넣을 수도 있지만, 우리 몸에 해로운 36가지 화학성분을 뺀 치약, 천 송이 꽃을 우려내서 만든 샴푸 등으로 시작해서 10년간 8천 번 연구해 유럽 화장품 회사에 수출하는 원료로 만든 미백 보습 화장품을 판매하고 다음 판매 제품은 누구나 건강하게 살기 위해서는 필수인 칼슘을 판매한다. 칼슘은 뼈와 치아에 99%가 들어 있고 혈액과 근육에 1%가 필요하며 신경전달, 근육의 수축과 이완, 혈액 응고 등의 기능을 한다. 노벨상 후보자였던 미국의 수의사 겸 의사 조엘 월렉 박사가 발표한 내용으로 3천여 명의 자연사한 사람들을 부검한 결과 대부분 비타민과 미네랄 결핍으로 사망했음을 발견했다.

특히 미네랄의 왕 칼슘이 부족했을 때 관련된 질병은 고혈압, 당뇨, 치매, 우울증, 심근경색, 불면증, 암 등 자가면역질환인 147가지 다양한 질병을 부르게 된다고 강조하고 있다. 칼슘의 중요성을 잘 알기에 판매로 이어지도록 힘써 전했다. 우리 제품이 아니더라도 누구나 써야 하는 작은 제품부터 큰 제품으로 효과 보도록 돕는 것이 내가 하는 일이었다.

수많은 사람을 바꿔서 내 맘에 들도록 한다는 것은 불가능한 일이다. 우리는 네모난 사람을 세모로 바꾸려 하고 세모난 사람을 동그랗게 고치려 하는 우를 범하기 쉽다. 다른 사람을 바꾸기 전에 가장 빠르고 쉬운 방법은 나를 바꾸면 되는 것이다.

내가 바뀌면 다 바뀌는 것이다. 그런 사실을 깨달은 후 무슨 일을 선택하든지 상대방의 처지에서 생각하고 행동하는 습관이 생겼다. 현장에서 열정적으로 뛰어다니며 일하던 시절, 대리점을 운영하시던 사장님이 남양 알로에(유니베라)에서 다른 회사 제품으로 바꾸고 또 바꾸고 여러 번 바꾸었다. 그럴 때마다 새로운 제품을 판매하는 일은 기존 제품의 판매보다 100배의 노력과 설명이 필요했고 엄청난 에너지를 쏟아야 했다.

탁월한 차별성으로 혜택이 있으면 몰라도 판매로 이어지기는 쉽지 않았다. 사람들은 힘들다고 한 명 두 명씩 떠나기 시작했다. 힘들고 혼란스러운 와중에 서른여섯 나이에 첫 아이 만삭이 된 몸으로 하루도 쉬지 않고 출근했다. 회사가 어려웠기에 내가 출근하지 않으면 회사가 잘못 되는 줄 알고 죽기 살기로 아침 일찍 출근했다. 노산이었던 나는 첫아이가 거꾸로 앉아 있어서 제왕절개 수술을 해야만 했다. 수술 후 일주일 만에 퇴원해 핏덩이 아이를 교회 집사님께 맡기고 출근했다. 모유를 먹여야 한다는 일념으로 출근했다가 아침 교실을 마치고 집에 가서 아이에게 젖을 먹이고 또 나가서 일하였다. 활동 중에 젖이 흘러내리면 화장실로 가서 짜서 버리며 옷을 갈아입는 일이 하루에도 몇 번씩 반복되었다. 젖몸살이 나서 죽을 것같이 아팠지만 약은 아이에게 해롭기에 못 먹고 질금물을 먹으며 젖을 삭히는데 표현할 수 없는 젖몸살 통증이 연속되었다. 하지만 그 누구에게도 내색하지 않고 일했다.

그렇게 일하던 중 아이를 떼어놓고 대리점 일정에 맞춰 지리산으로 워크숍을 가야 했다. 자정이 넘은 시간에 화장실에서 아이가 너무 보고 싶어 세상이 떠나가도록 목 놓아 울었다. 사람들이 놀라서 나를 말렸지만 멈출 수가 없었다. 지금 생각해보면 참석하지 않아도 되는 일이었는데 나로 인해서 분위기가 다른 사람에게 피해가 갈까 봐 빠지지 못했다. 남이 알아주기 바라서가 아니고 내 입장보다 전체에 맞추었다. 당연한 일이라 생각했다. 사람은 각자의 수준대로 아는 만큼 보이고 말하는 거니까. 내 생각이 중요했다.

뒤돌아보면 감사한 것은 일하는 엄마라는 이유로 남들 손에 자라게 한 딸이 스스로 살아갈 줄 아는 아이로 자라주었고, 사랑이 많은 예쁜 딸로 컸다. 진로를 결정할 쯤에는 부산에서 서울로 일주일에 두 번씩 레슨을 받으러 다니면서도 묵묵히 알아서 했고, 고등학교 2학년부터는 집을 떠나 외롭고 힘든 서울 생활을 잘 해내어 결국 음악을 전공한 멋진 하피스트가 되었다. 앞으로 어느 자리에서 무슨 일을 하든지 지혜롭고 행복한 삶을 살 거라 믿어진다.

영업이라는 일이 나도 성숙시켰고 그런 내 모습을 보면서 내 아이도 성장해갔다.

사람들은 솔직하다는 이유로 하고 싶은 말 다 한다. '안 된다, 힘들다, 그만둔다.'라는 말을 입버릇처럼 했다. 나는 한 번도 그런 말을 하지 않았다. "열심히 해보겠습니다." 그 말에 대한 약속을 지키기 위해서 정말 열심히 일하며 살았다. 점심 먹는 시간도 아까워 포장마차에서 어묵 하나 먹고 국물 몇 컵으로 점심을 대신했다. 무료마사지를 하루에 열 명 해준 날도 있었다. 인생도 영업도 내가 한 것은 남이 가져가지 않았다. 반드시 내게로 왔다. 할 일이 있다는 것은 나에게 축복이다.

나를 사랑하고 내 인생을 귀하게 여겼더니 스스로 만든 수많은 짐들은 내 인생의 발판이 되었고 거름이 되었다. 그 위에서 나는 사람 냄새 물씬 풍기며 지혜롭게 사람들과 잘 지내는 힘을 가진 사람 꽃을 피우며 살고 있다. 생각하고 행동하는 것들이 하나하나 이루어지는 현실이 되었다.

내가 받고 싶은 대로 마음도 지혜도 주다 보니 어떻게 살 것인가에 대한 가치관도 확립되었다. 그 결과로 평범하지도 못한 나 같은 사람일지라도 어느 단계에 오르면서 자존감이 높아지고 품격 있는 사람으로 발전해갔다. 영업은 자신을 향상하게 시켜서 행복하고 지혜롭게 잘살고 싶은 본능적인 욕구를 충족시켜주었다.

영업은 꿈 넘어 꿈을 이루게 해주는 도구이며, 인간에 대한 깊은 이해이며, 인생의 축소판이었다.

## 04
# 반복이 대가를 만든다

모든 일은 처음은 어렵지만 반복하면 잘하게 된다. 영업을 시작하면서부터 대리점 앞에서 매일 좌판을 펴고 판촉 활동을 했다. 제품에 관심을 두는 사람은 사무실로 함께 올라가 차를 마시며 제품 설명도 하고 출근 설명과 예방 인술을 전하는 일의 비전 얘기를 나누었다.

혼자 시작했지만, 시간이 지나면서 고객도 늘어나고 함께 일하는 사원도 늘어갔다. 같은 방법으로 매일 반복했다. 상담, 활동, 모든 과정을 통해서 내가 하는 일이 다른 사람에게도 가치를 전할 수 있다는 것도 알게 되었다. 상대방이 무엇을 필요로 하는지 살피게 되면서 소통을 하게 되니 사람을 성장시키는 마음도 배울 수 있었다. 그렇게 경영에 대해서도 배우게 되었다.

현장에서 몸으로 배운 가장 중요했던 일은 자신을 경영하는 방법을 배울 수 있었다는 것이다. 인생 전체의 틀을 만들어가며 힘도 생기고 빈 곳은 채워나갈 수 있는 노련함도 생겼다. 혼자 일하는 영업사원으로 만족할 것인가? 함께 하는 동료를 만들어 경영자가 될 것인가? 자신의 선택으로 결과가 나타난다.

본사가 있고 대리점이 있고 내가 있다. 대리점도 플랫폼이고 나도 플랫폼이다. 다 같은 사장이다. 사장의 마음으로 보는 것은 달랐다. 함께 더불어 가면서 어떤 생각을 하느냐에 따라 보이는 것도 다르게 보였고 행동도 달라지기 시작했다.

큰 성공에 대한 그림을 그리고 싶다면 자전거를 배울 때처럼 하면 된다. 가까운 곳을 보면 금방 넘어진다. 멀리 보고 페달을 밟아야 앞으로 나아갈 수 있다. 영업도 눈앞의 작은 이익만 생각하면 쉽게 지치고 지루하게 생각되니 포기하기도 쉽다.

나처럼 평범하지도 못한 사람도 무한대의 꿈을 이룰 수 있는 일이 영업이다. 영업을 오랜 시간 하면서 늘 갈등으로 시간을 허비하는 이유는 어딘가에 쉽고 편안한 일이 있다고 생각하기 때문이 아닐까? 그럴 때 자신에게 질문한다. 내가 하는 일은 다른 사람을 이롭게 하는 일인가? 열심히 해도 되지 않는 일이 있는데 반복했을 때 원하는 결과를 얻을 수 있는 일이라면 해볼만 한 일이다.

현대를 자본주의 사회라고 한다. 가치측정은 다 다르지만, 물자가 기본을 이루는 사회이다. 영업은 자본주의 꽃이라 한다. 국가와 국가 간 거래도 영업이고 기술의 평준화 시대에 기업도 영업력에 의해서 성패가 좌우된다. 개인의 삶 모든 곳에 적용되며 필요한 것이 영업이다. 지구상에 100억 명의 사람들이 있는데 1년에 6천만 원 버는 사람은 8백만 명이 있다.

한 달에 500만 원 소득이 되는 거다. 연봉 5천만 원을 버는 사람은 한 달에 4백 십만 원 정도 버는 것이고 은행에 50억을 넣어놓고 이자를 받는 것과 같다. 엄청나고 대단한 일인데도 우습게 생각하고 행동하는 사람들이 있다.

우리 회사에서 어느 정도만 할 수 있고 하다 보면 해낼 수 있는 금액이다. 반복하면 잘하게 되고 남에게 도움 되는 일이기에 쪼끔만 노력해도 쉽고 가능한 금액이다. 가난하다는 것은 내가 준 것이 없다는 것이고 생각이 가난하다는 것이다.

사람은 누구나 많이 벌고 싶은 꿈을 가지고 있다. 돈을 많이 번다고 부자가 되는 것은 아니다. 또 부자가 지속해서 유지되지 못하는 경우도 주위에서 많이 보게 된다. 몸이 일하는 시스템이 되어야 지속 가능한 성장을 할 수 있다. 이러한 부분들을 해결하기 위하여 우리 회사에 입사하면 제일 먼저 준비하는 시스템이 있다.

첫 번째 꿈 노트, 갖고 싶은 것, 하고 싶은 것, 되고 싶은 것, 벌고 싶은 돈의 액수, 모든 원하는 것 이루고 싶은 것을 적도록 한다. '적자생존', 적는 자만이 살아남는다. 나의 경영철학이며, 인생철학이다.

늘 나는 메모지를 들고 다니며 생각나는 대로 아이디어, 좋은 글귀, 해야 할 일, 하고 싶은 것, 그때그때 적고, 또 적는다. 저녁 시간에는 될 수 있으면 차를 마시며 정리하는 나만의 시간을 갖는다. 그 시간이 너무 좋아서 잠자는 시간이 아까워 줄이면서까지 갖는다.

두 번째 설문지 노트이다. 설문지로 만나면 어제까지 모르던 사람도 오늘부터 아는 사람이 된다. 설문지를 통해 친구가 되는 방법이 생긴다. 언제 어디서든 누구를 만나도 건강 설문지, 미용 설문지, 증원 설문지를 받는다. 반드시 체험 샘플, 명함, 회사소개 및 제품 설명 소개서를 전달한다. 받은 설문지는 설문지 노트에 기록하고 전화, 문자 등으로 만나고 그렇게 활동하다 보면 필요성을 느끼는 사람들을 직접 만나게도 된다.

여러 가지 방법으로 반복적으로 만나다 보면 한 사람을 통해서도 이모작, 십모작, 백모작도 될 수 있는 판매 농사로 이어진다. 많이 심으면 많이 거둔다. 기록하는 것만큼 위대한 힘도 드물다.

세 번째 활동일지이다. 가정에는 가계부가 있고 차를 가지고 있는 사람은 차계부가 있듯이 영업을 하는 사람은 반드시 활동일지가 필요하다. 귀찮다는 이유를 달며 쓰지 않는 사람과 일지를 쓰는 사람의 차이는 시간이 지날수록 몰라보게 달라진다. 시간과 비용을 절약할 수 있고 결과는 놀랍게 다르게 나타난다.

사람의 기억은 유통기한이 있기에 즉시 기록해놓아야 한다. 활동 계획도 년, 월, 일 계획을 짜고 계획에 맞춰서 주간 단위로 쪼개고 일일 계획으로 실천하도록 한다. 습관이 되면 몸이 움직여주는 시스템이 된다. 월, 화, 수, 목, 금, 토, 일 활동하는 땅을 정하고 그 요일에는 반드시 가도록 한다. 그렇게 하다 보면 나를 지켜보던 사람들이 다가오게 된다. 꾸준히 심다 보면 열매는 반드시 열리게 되어있다.

**네 번째 반복해야 하는 것은 총출근, 총출동, 총판매, 총귀소 4총이다.**

출근이 중요한 기본이다. 모든 약속은 출근 후로 잡았다. 매이는 것 같지만 집중할 수 있고 정한 위치, 시간, 만남의 숫자만큼 활동한다. 목표한 판매금액만큼 판매하고 하루를 귀소해서 마무리한다. 반복만이 대가를 만든다. 성실함을 이길 방법은 드물다.

**다섯 번째 고객 카드이다.** 고객에 대한 기념일, 기쁜 날, 슬픈 날, 좋아하는 음악, 그림, 취미, 관심사, 준 정보, 받은 정보, 도움을 줄 수 있는 작은 것까지 세밀하게 기록하다 보면 가깝게 느껴지고 소통도 잘된다.

**여섯 번째는 종자돈 모으기 통장 만들기이다.** 통장은 여러 개로 쪼개서 저축하도록 한다. 그렇게 모은 돈은 땅을 사든지 집을 살 때 한 곳으로 모아서 투자하면 된다. 50만 원 가지고 일을 시작한 나는 이러한 방법을 반복 또 반복하면서 습관화시켜 성공 경영시스템을 만들었고 수억 원대 자산을 이루었다. 무슨 일을 하든지 적용만 시키면 시스템이 되고 몸과 마음이 움직여 성공적으로 할 수 있다.

　우리는 항상 지금처럼 젊을 거라고 착각하고 산다. 그렇지만 누구나 살아갈 날 중에 오늘이 가장 젊은 날이다. 항상 지금처럼 젊지 않다. 물리적인 나이가 들어가면서 힘도 약해지고 마음도 약해진다. 일을 시작하면서 반드시 병행해야 하는 것이 재테크이다. '돈이 있어야 모으고 투자하지.', '먹고 죽으려 해도 돈이 없다.' 얼마나 무지한 말인가? 원래 모든 것은 씨에서 시작된 것들이다. 아빠 정자(씨), 엄마의 난자(씨)가 만나서 아기가 태어나고 자라면 소년, 소녀를 지나 청년, 장년이 되듯이 적은 돈은 돈 나무의 씨앗이 되는 것이기에 소중히 여기고 잘 심어야 한다. 작으면 작은 대로 심어놓으면 돈이 스스로 일해준다.

　나는 나를 위해 큰돈으로 키워주기 위해 잠도 안 자고 일한다. 은행에서 내가 빌린 돈은 휴일 없이 이자를 불려서 은행을 키우고, 내가 심어놓은 돈은 나를 위해 밤낮으로 일해준다. 10년, 20년 지난날을 되돌아보니 시간이 가장 큰 재테크였다. 하루라도 빨리 알고 실천하면 반은 이룬 것이다. 내 아이에게 늘 하는 말은 '젊음이 가장 큰 자산이다.'라는 말과 '하고 싶은 것 맘대로 도전해 보아라'이다. 살아보니 그랬다.

　판매도 일정하게 매일매일 이뤄지는 매출은 오래 일할 수 있는 근력을 만든다. 돈도 일정하게 꾸준히 들어오는 돈이 힘이 세고 질기다. 그렇게 땀 흘려 모은 돈은 당겨도 잘 끊어지지 않는다. 거품으로 시작하는 사업은 화려하고 좋아 보이지만 오래가지 못하게 된다. 거품 없이 바닥에서 시작하면 언제든지 다시 일어설 근육과 같은 힘이 있기에 언제든지 다시 시작할 수 있다. 어느 정도 그릇이 채워지고 나면 변화가 없어진다. 그때는 흔들어야 한다.

똑같이 100만 원씩을 나눠주어도 부자는 계속 부자가 되어 있고, 가난한 사람은 가난하게 되돌아가는 이유도 지키는 근육이 없기에 쉽게 번 돈은 쉽게 나가게 된다. 돈을 지키는 근육을 단련하기 위해서 지켜야 할 것은 화장품 한 개 판매한 적은 금액이라도 주머니에 넣고 다니며 아이 과자 사주고 반찬 사 먹고 하면서 쉽게 써버리면 안 된다는 것이다.

제품가격 일부는 본사 것이고 일부는 고객 것이고 일부는 일하느라 평소에 소홀한 자녀 것이다. 일부만 내 돈이다. 반드시 그날 받은 돈은 그날 입금해야 한다. 통장에 입금되어 있어도 하루 이틀 지나면 내 돈 같은 착각이 들고 아깝다는 생각이 든다. 회사로 바로 이체시켜야 한다. 그렇게 습관을 들이면 월말에는 돈이 남는다. 내 돈과 남의 돈의 구분이 정확할 때 규모 있는 미래가 준비되는 것이다. 모든 습관은 몸이 알아서 움직일 때까지 반복해야 한다.

야구선수는 하루 1,500번 이상 방망이를 치는 연습을 해도 10번 쳐서 3번 맞추는 타자가 되기 어렵다. 안타를 치다 보니 홈런도 나오는 거다. 3할이 되면 우수하고 대단한 선수가 된다. 10번 쳐서 헛스윙 7번하고 3번 맞추는 것이다. 나는 오늘 하루 몇 사람을 만났는가? 거절은 몇 번 당했는가? 야구선수는 야구를 잘해서 증명해야 하고 영업하는 사람은 영업을 잘해서 증명해야 한다. 잘하기 위해서는 반복이 답이다. 야구선수가 방망이를 휘돌리듯이 반복을 이길 지속 가능한 힘은 없다. 각자에게 주어진 달란트는 다르지만 나에게 주어진 영업이라는 일을 반복적으로 갈고 닦음을 통하여 나누고 누리며 살 수 있었다.

가고자 하는 방향으로 공을 반복적으로 던지면 된다. 공이 어디를 향해서 가는지 바라보면서 실천 목표와 일의 목표를 보면서 가다 보면 내가 하는 일의 온도와 내 삶의 온도는 반복의 힘에 밀려 임계점에 다다르게 되었다.

## 05
# 되로 주고 말로 받는 것이 영업이다

어제의 내 생각이 오늘의 내 모습이고, 오늘의 생각은 내일의 내 모습이 된다. 생각이 결과로 나오게 된다. 그래서 생각한 대로 살지 않으면 사는 대로 생각하게 된다. 생각은 씨앗이다. 되로 주고 말로 받을 수 있느냐의 시작이 어떤 생각 씨앗을 심느냐에 달려 있다.

영원히 나와 함께 살 줄 알았던 엄마가 나와 20년 함께하고 내 곁을 떠나셨다. 너무도 갑작스러운 소식을 듣는 순간 나는 기절하고 말았다. 장례식을 치르며 상여를 붙잡고 기절했고, 장례 의식 과정, 과정 때마다 기절했다. 기절을 몇 번이나 했고 한 달은 울었던 것 같다. 나중에는 언니들이 그만 하라고 화를 냈을 정도였다. 그때부터 막연히 미래에 대한 위기의식이 생겼다. 엄마와 함께 영원히 살면서 엄마에게 잘하고 싶은 행복한 꿈이 사라진 것이다. 정신을 차리기 시작하면서 생각을 바꾸기 시작했다.

이제부터 만나는 사람들, 형제들, 조카들에게 '내가 할 수 있는 만큼 후회 없도록 최선을 다하자고 마음먹었다. 형편이 넉넉하진 않았지만, 조카아이가 그 당시 꽤 비쌌던 "나이키 운동화 사줘." 하면 티셔츠도 사주고 맘에 드는 것 있으면 더 고르라고 했다.

조카들이 집에 오면 가장 좋은 그릇을 꺼내서 밥을 해주었다. 나를 만나는 누구를 만나도 그때는 그렇게 실천하려고 했다. 세월이 많이 지나서 그 아이들이 커서 부모가 되고 자녀들을 데리고 집에 와서 지난날의 추억을 말한다. 우리 이모는 통이 크니까 과일도 큰 걸로 사주어야 해! 했다고 한다. 슬픔을 이겨내기 위해 마음먹었던 작은 실천 덕분이다. 어떻게 생각하느냐가 마음을 받게 되는 일이 되고 되로 주고 말로 받는 삶이 되었다.


일을 시작하면서 '내가 할 수 있는 만큼 누구를 만나도, 무슨 일을 해도 최선을 다하자!' 다짐했다. 멋있게 살고 싶다는 위기의식과 외로움이 있었다. 그러나 최선을 다해서 일하고 사람을 만났던 작은 실천이 나를 성장시켰다. 작은 일부터 꾸준히 활동했다. 홍보 전단지, 명함 한 장, 샘플

하나, 당연히 주어야 하고 해야 하는 일이 영업이고 인생이라 생각되었다. 나의 이익을 위해서 했던 작은 일들인데 돌아온 결과는 내가 평생 먹고살 수 있는 빚의 경제와 자유가 생겼다. 또한 친구, 동료, 스승에게서 헤아릴 수 없이 과분하고 많은 사랑을 받는 결과가 주어졌다. 감사한 마음은 어느 곳에 있던지 마중봉직(麻中蓬直)한다는 마음을 기억하고 실천했다. 영웅은 태어나고 길러지듯이 땅에 붙은 쑥도 마를 보면서 마만큼 자랄 수 있다는 믿음을 가지고 실천했다.

되로 주는 작은 샘플 하나로 연결 고리가 되어 아토피로 머리끝에서 발끝까지 진물이 줄줄 흐르고 고통스러워하는 아기를 좋아지게 할 수 있었다. 고통스러워 보채는 아기를 돌보느라 잠을 못 자서 뼈만 남은 엄마가 잘 수 있게 만들어주는 말로 받는 큰일로 연결되기도 했다. 온몸이 아토피 상처로 피가 흐르고 진물이 흐르는 고통 받는 아기를 본 순간 너무 가슴이 아파 눈물이 왈칵 솟구쳤다. 순간 나의 행동은 진열장의 아토피 크림을 뜯어서 아기의 머리끝에서 발끝까지 철철 넘치게 발라주었다. 크림을 바르고 채 1분도 지나지 않았는데 아기는 새근새근 잠들었다.

아~ 이런 일도 있을 수 있구나! 나에겐 기적으로 느껴졌다. 너무 기쁘고 감사하고 행복했다. 마음의 문이 열린 아기엄마가 상담하고 싶다고 집으로 초대했다. 집에 방문해보니 그 와중에도 수많은 책을 사서 거실은 발 디딜 틈이 없을 정도였다. 아이를 잘 키우고 싶은 엄마의 마음을 느낄 수 있었다. 집 정리를 도와주고 무슨 일을 하더라도 우선 건강이 중요하다는 것을 서로가 알기에 아이의 건강을 위해서 해야 할 일들을 의논하였다.

아기는 내가 전달하는 건강식품과 엄마가 식이요법으로 꾸준히 관리해주어 아토피에서 해방되었다. 엄마의 건강도 회복되어 일상의 행복을 찾을 수 있게 되었다. 엄마와 아기, 내가 함께 믿고 실천하여 만든 결과이다. 공무원이었던 아빠가 정말 고맙다고 손수 키운 소나무 분재를 나에게 선물로 전해주었다. 이런 기적 같은 일이 되로 주고 말로 받는 일이라 생각된다. 아이의 인생에 이보다 중요한 일은 없을 것이다. 이후로도 내가 하는 일을 통하여 기적 같은 일들은 항상 다반사로 일어났다.


중학교 다니는 예쁜 민지는 귀가 찢어지고 팔목과 다리의 접히는 부위가 가려워서 긁다 보니 피가 흘러 날마다 테이핑을 해야 했다. 가려움으로 깊은 잠도 못 자고 밤새 긁어서 온몸에 피가 흘러 "엄마 손이 없었으면 좋겠어." 했다는 가슴 아픈 말을 전해 들었을 때 꼭 좋아지게 해주고 싶다는 강한 마음이 생겼다. 상담 후 차에 한가득 제품을 싣고 갔다. 남편과 아들이 화를 내며 가져가라고 난리였다. 나는 안타까운 마음으로 효과 없으면 돈을 받지 않겠다고 강하게 말했다. 내 이익을 떠나서 아이를 고통에서 벗어나게 해주고 싶었다.

모기에만 물려도 가려움으로 고통스럽다. 아이가 가려움의 고통에서 벗어나게 해주고 싶었다. 언제든지 영혼을 담아서 제품을 전했다. 그런 내 모습을 보고 있던 민지 엄마가 결단했다. 일단 먹여보겠다고 했다. 엄마는 다르다. 자식의 고통이 내가 아픈 고통보다 크다. 그날 이후로 민지는 가려움에서 자유로워 너무나 깨끗해진 피부로 변할 수 있었다. 이보다 큰 이익은 없을 것이다.

나도 20대에 겪었던 알레르기 때문에 지푸라기라도 잡고 싶은 심정으로 양파, 감자가 유일한 반찬이었다. 알레르기에 좋다 해서 이름 모를 가루도 먹었다. 가루가 목에 붙어 떨어지지 않아 고생 고생했다. 시도 때도 없이 일어나는 두드러기 때문에 어디 가서 음식 한번 맘대로 못 먹었다. 운 좋게 내 발로 남양 알로에(유니베라)를 들어갔다. 공부도 하고 판매하면서 나도 먹었다. 3년 정도 지나면서 먹고 싶은 걸 맘대로 먹을 수 있고 두드러기도 어느 날 사라졌다.

고기, 생선, 과일은 근처에도 못 갔고 머리끝에서 발끝까지 탁구공 크기의 두드러기 때문에 밤새 긁어서 피멍이 들었고 속옷의 상표도 다 제거해서 입어야 했다. 한참 멋 부릴 나이에 가렵고 진물 나서 액세서리도 하지 못했다. 그렇게 고통스러웠던 나를 고쳐준 천연물 유니베라(남양알로에)를 경험시켜주고 싶다.

안타까운 마음으로 처음 제품을 들고 갔을 때 언제나 온 가족의 반대는 심했다. 바가지 씌우는 약장사 취급하였다. 그런데도 나는 자신 있게 말했다. 한 번만 체험시켜보고 효과 없으면 돈 받지 않겠다고 말했다. 진심으로 도와주고 싶었다. 그 결과 지금 고등학교 3학년이 된 민지는 아토피에서 해방되었고 오늘도 꿈을 향하여 달려가고 있다. 작은 홍보 전단지 한 장과 명함 한 장으로 만나서 가족처럼 지내는 만남의 축복으로 지금도 이어지고 있다.

내가 무슨 일을 해서 이만큼 소중하고 귀중한 것을 줄 수 있는 선한 영향력을 끼치는 사람이 될 수 있었겠는가? 건강하지 않으면 아무것도 할수 없다. 영업이라는 작은 활동은 무엇과도 바꿀 수 없는 큰 가치가 결과로 나타났다. 내가 하는 일과 제품을 공부하며 사람들을 만나고 있다.

작은 천연물 샴푸 하나로 알게 된 민재는 백혈병의 바로 아래 단계의 면역력이 약해서 평생 부산에서 서울까지 병원에 다니며 약과 식이요법으로 백혈병으로 넘어가지 않도록 관리하며 살아야 했다. 엄마는 아이 밥과 약을 챙겨 먹여야 하기에 하던 사업도 접고 하루도 집을 비울 수가 없었다. 많은 정신적 육체적 고생으로 지쳐 있을 때 나와 만나서 먹고 싶은 것 맘대로 먹을 수 있는 멋진 청년으로 성장하고 있다.

또 남편이 군인 출신이라 건강한 데 비해서 부인은 약을 한 주먹씩 먹고 몸이 불편하니 못 움직이고 뚱뚱해지고 사는 낙이 없으셨는데 나를 만나 건강한 남편과 여행 다닐 수 있게 되었다. 간호사였던 혜성이는 밤새 머리맡에 휴지가 수북이 쌓일 정도로 코를 풀어야 하는 심한 비염이 좋아져 코를 풀지 않아도 되는 자유를 얻었고 지금은 나와 함께 일하며 본인이 겪었던 고통을 받는 사람들을 만나고 있다.

다리 관절이 아파 신호등도 한 번 만에 못 건너던 분이 뛰어다니며 78세의 나이에 나와 함께 건강과 아름다움을 전하고 있다.

되로 주고 말로 받는 것이 내가 하는 일이라는 것을 알게 되었다.

## 06

# 진정성이 답이다

처음으로 도전해본 일을 시작하면서 가장 먼저 보이는 것은, 나의 드러나지 않았던 본모습이 보이기 시작했다. 내 편 아니면 남의 편, 고통 아니면 슬픔 이런 식으로 모든 사고는 이분법에 고착되어 있었다. 계산은 객관성 합리성이 아닌 감정적으로 하고 있었다. 그런 습관은 당연히 틀린 답이 나오게 되어 있다.

알고 보니 착하다는 포장 속에는 마냥 참기만 하면 되는 줄 아는 무지와 융통성 없는 마음으로 가득했다. 생각해보니 행동은 너무 느리고, 머리가 그다지 좋지 않으니 순발력과 지혜가 없었다. 일하는 과정을 통하여 나를 솔직하게 정면으로 마주 볼 수 있는 시간이 되었다. 그런 시간이 내게는 고통이었지만 정직함이 회복되는 시간이었다. 정체성을 찾아가는 과정이기도 했다. 그런 상태를 덮고 덮으며 편안하기만 원했었다.

지적이고 고상하고 우아하게 살고 싶은 허영이 마음 깊숙이 깔려 있음을 알게 되었다. 제대로 계산하는 방법을 모르니 작은 계산을 하게 되고 잘못된 계산은 두려움이 앞서 앞으로 나아갈 수 없게 발목을 잡고 있었다. 솔직하지 못하게 되니 당당하지도 못했다.

그때 결심했다. 내 수준으로 계산하지 말자! 가식은 작은 모양이라도 버리자! 어떤 현실도 있는 그대로 인정하자! 있는 그대로의 나를 드러내는 용기를 가지자! 각오했다. 누구든지 내 수준으로 판단하지 말고 우선 만나자! 만나는 생활을 실천하며 30년을 살았다. 그렇게 살다 보니 몸도 마음도 가볍게 살 수 있었다. 자유롭게 살게 된 계기가 되었다.

가끔 질문해본다. 내 모습은 사람들에게 어떤 모습으로 보일까? 나는 어떤 사람이며 무엇을 좋아하는 사람이며 언제 가장 행복할까?

생각하고 질문해본다. '나를 모르겠다.' 내 모습이 없어졌다. 하루하루 나에게 주어지고 해야 할 일을 해나가는 책임감이 '나'인 것 같다. 그런 마음이 내가 원하는 꿈, 멋있게 살기! 베풀며 살기! 사랑하고 사랑받으며 살기를 실천하는 삶이 되었다. 노력하며 살다 보니 어떤 환경, 어떤 사람이라도 잘 지낼 수 있을 것 같다. 내 그릇에 담기지 못하는 일에 맞부딪치게 되면 '내일은 내일의 태양이 뜬다!'라고 외치고 때를 기다리며 '조금 늦게 이루어져도 괜찮아.' 다짐하며, 다시 도전한다. 하루하루 주어진 일에 최선을 다할 수 있음에 감사하며 살 수 있어 좋다.

날마다 웃고 무슨 일이든 감사하며 생활하는 것이 습관이 된 지금 때로는 너무 포커페이스가 되지 않아서 심리적인 의도를 가지고 다가오는 사람에게는 속아서 넘어질 때도 있다. 그런 모습 또한 진정성 있는 내 모습이다. 겉과 속이 같다 보니 내가 먼저 평안하다.

죽고사는 문제도 아닌데 사소한 일에 사사건건 대립각을 세우는 건 소중한 사람과 시간을 낭비하는 일이다. 진정한 자유는 무슨 일이든지 누구에게든지 최선을 다하고도 놓을 수 있어야 한다.


주인의 삶을 사는 사람은 내가 할 일이 보이고 핑계를 대지 않을 수 있다. 주인으로 살지 않고 남의 삶을 사는 사람은 입만 열면 불평, 불만, 핑계, 원망으로 물고 들어가 시간을 버린다. 자신의 무한 능력을 모르면 말의 힘을 모르는 사람이 되고 남의 삶을 사는 사람이 된다.

누구든 무엇이든 영원한 것은 없다. 모든 것은 변한다. 자존감이 있는 사람은 자신의 가능성을 믿는다. 상대방이 나를 무시해도 그건 그 사람의 눈높이고 수준이라는 걸 알기에 여유로울 수 있고 흔들리지 않을 수 있다. 지금의 모습과 위치가 영원하지 않다는 것도 안다. 현재의 내가 영원할 것으로 착각하는 사람은 무례하게 행동한다.

나에게도 살다 보면 계획에서 멀어지는 예기치 못한 상처들이 생긴다. 당황하지 말고 고난이라는 이름으로 변장하고 나타난 축복임을 알아야 한다.

부푼 꿈을 가지고 일을 하고 있는데 대리점 사장님이 몇 번이나 다른 회사로 바꾸었다. 제품이 자주 바뀌다 보니 고객도 떨어지고 회사도 힘 들어졌다. 뒷골목에 있는 오래된 건물로 옮기게 되었다. 사무실 안에 있 는 화장실은 찌든 때로 얼룩져 있었고 냄새도 심했다.

"실장님, 걱정하지 마세요. 제가 더 열심히 하겠습니다." 그러고는 청 소부터 했다. 매일 정장 옷을 벗어부치고 특히 화장실 청소를 열심히 했 다. 싱싱한 식물 스킨답서스를 갖다 놓고 샤워 코롱도 뿌리고 가장 쾌적 한 곳으로 만들기 위해 공을 들였다.

전날 밤부터 생선전을 부치고 커다란 들통에 국을 한 솥 끓여서 들고 가곤 했다. 아이들 챙기느라 아침밥도 못 먹고 일찍 출근하는 동료들을 배려하는 작은 마음에서 시작된 일인데 많은 사람의 마음을 모으는 계기 가 되었다. 이후로 화기애애한 분위기와 서로를 귀히 여기는 문화로 변 해갔다.

서로의 성장을 나누다 보니 대리점은 큰 성장을 했고 넓은 곳으로 이 사하게 되었다. 그때부터 나는 매일 밥을 해서 나누었다. 밥을 함께 먹으 니 신입이 들어와도 빨리 가까워지고 일도 빨리 배우게 되고 정착도 잘 되었다.

정장을 입고 밥을 하는 것이 불편해 보인다며 그만하라고 했지만 온종일 밥하는 직업도 아니고 잠깐 하는 일이고 나의 잠깐의 수고로 많은 사람이 행복하게 식사할 수 있으니 기뻤다. 사무실은 분위기가 좋아지고 우리 팀에도 사람들이 몰려들었다.

그렇게 매사에 진정성으로 사람을 마주하고 일을 대하다 보니 소득은 당연히 높아지고 형통의 길이 열리기 시작하였다. 모든 일에는 때가 있다. 지금 나에게 주어진 일을 잘 해내려고 노력하는 것이 진정성 있는 때에 맞는 일이었다.


진정성이란? 언제든지 처음으로 돌아가서 다시 시작할 수 있는 성실함이다. 큰 태산도 모래알이 모여서 만들어졌고 바닷물은 작은 물도 마다하지 않는다.

작은 제품 하나라도 버스를 두세 번 갈아타고 즉시 갖다준다. 얼핏 생각하면 시간 낭비 같고 바보 같은 일 같지만 작은 일 하나가 모여서 큰 성과로 이어지고 그 속에는 크고 비밀스러운 보석이 숨겨져 있다. 남이 보지 못하는 것을 미리 보게 되는 방법이다. 작은 일이라도 바로 현재 상황을 알리고, 보고하고, 실행하는 것이 나의 진정성이다.

나는 나와 계산한다. 지금 내가 하는 일이 서로에게 도움 되며 이롭고 가치 있는 일인가? 나는 얼마나 객관성으로 일하며 사람들을 마주 대하고 있는가? 선생님은 학생을 가르치고 대가를 받는 것이 소득이고 청소하는 사람은 청소해서 대가를 받는 것이 소득이 된다. 누구나 자신의 직업으로 일한 대가를 받는다.

많은 사람들은 저 멀리 아프리카, 필리핀 등에 선교비를 보내고 절에 가서 시주도 하고 기부도 한다. 하면 좋고 또 해야 한다. 무보수로 몸으로 봉사하는 사람들도 있다. 누구나 자랑스러워하고 당당하게 생각한다. 맞는 말이다. 안타깝고 마음 아픈 것은 나와 우리 사원들이 가까운 사람들에게 건강과 아름다움을 천연물로 전하고 판매하는 일은 부담스럽게 생각하고 부끄럽게 생각하는 경향이 많다. 실제로 판매하는 우리를 무시하는 듯한 사람도 있다.

내가 생각하는 진정성은 제대로 된 상품을 판매해서 나도 잘살고 다른 사람도 건강하도록 도와주는 일이 돈 버는 진정한 봉사라고 생각한다. 많이 판매될수록 고객이 좋아지고 많은 대가를 받는 것은 당연한 일이다. 내가 원하는 선한 영향력을 끼치는 삶이다.

영업은 내가 판매하는 상품을 도구 삼아 나의 가치를 높이고 나를 키우는 공부(工夫)이다. 공부는 나를 닦는 일이다. 장사보다 나를 잘 닦으며 키울 수 있는 일이 있을까? 심약하고 세모로 뾰족하고 네모로 각진 나를 꿈으로 깎아내고 목표의 한계를 경험하면서 부딪치며 군더더기 불순물이 제거되어 갔다. 많은 사람과의 만남은 적당한 긴장감으로 몸과 마음이 정리 정돈되었다. 내 인생 가장 큰 공부는 영업이었다. 가고자 하는 방향의 한계도 내가 정할 수 있으니 너무나 자유롭다.

'서울 가보지 않고 목소리 큰 사람이 이긴다.'는 말이 있다. 진정성 없음이 드러난 말이다. '지는 것이 이기는 것이다.' 누가 이기고 지느냐가 중요하지 않다. 우선은 손해 보는 것 같은 마음이 들 때도 있지만 지나고 보면 진정성이 이긴다는 것을 알게 된다.

손 성실, 발 성실, 입 성실, 기분이 좋으나 슬프나 비가 오나 눈이 오나 바람이 부나 그 자리에 있는 과정이 진정성이기에 무슨 일을 하든지 어떤 삶을 살든지 기본이 되어야 하는 마음이 진정성이다. 잘하고 못하고는 다음 문제라고 생각했다.

'백문이 불여일용(백 번 듣는 것보다 한 번 써보는 것이 낫다).' 내가 일하는 방법이다. 나는 판매하는 제품을 내가 먼저 공부해서 먹어보고 발라보는 체험을 하고 느껴보면서 '어떻게 하면 고객에게 필요한 부분들을 효과 볼 수 있도록 도와줄 수 있을까?'에 집중했다.

그런 과정을 거치면서 몸과 마음의 수준을 높이면서 진정성 있게 일하다 보니 당연히 결과는 점점 더 좋아졌다.

# 07

# 빛나는 내 삶에는 영업이 있었다

"그런즉 누구든지 그리스도 안에 있으면 새로운 피조물이다. 이전 것은 지나갔으니 보라 새것이 되었도다."(고린도후서 5:17 절)

영업은 맘껏 꿈을 펼칠 수 있는 내 속에 있었던 것을 꺼내주는 재창조의 기회가 주어지게 한다. 지금으로부터 30년 전 4월 어느 날, 3일 금식기도가 끝난 다음 날 '주부사원 모집'이라는 플래카드에 이끌려 들어간 곳이 남양 알로에(유니베라)였다.

아무런 준비도 계획도 없이 영업이 무슨 일을 하는지도 모른 채 나의 영업 인생은 시작되었다. 지금 생각하면 나보다 더 나를 잘 아시는 하나님의 계획적인 인도였던 것 같다. 그렇게 시작한 영업은 나도 몰랐던 나를 찾는 정체성의 지렛대가 되었고 나를 찾아가는 여정이 되었다. 수줍음이 많고 낯가림이 심해서 말을 제대로 못했던 것인 줄만 알았던 나는 무슨 말을 어떻게 해야 하는지 해보지 않았기 때문임을 알게 되었다.

초등학교 때 전교 부회장을 해보고는 말을 해볼 기회도 없었다. 많은 부분에서 모르는 것이 많기에 자신감 부족에서 못했다는 사실도 깨닫게 되었다. 사실은 아는 것만큼 하면 되는 것이 말이었다.


시간이 흐른 지금 누구를 만나도 대화할 수 있는 자유로운 사람이 되었고, 멋있게 살고 싶은 만큼 공부하며 나눔도 실천하며 살 수 있었다. 무슨 일을 만나도 본질에 대해 고민 후에 결정하고 장애물 앞에 서게 되면 어떻게 하면 잘 해결할 수 있을까? 무엇을 배울 수 있을까? 질문으로 문제의 답을 찾아갔다. 쉽지는 않았지만, 항상 열린 마음으로 받아들이며 살아가려고 애쓰며 살 수 있었다. 사람은 아는 만큼 보이듯이 고집인지 아집인지를 구분할 수 있게 되었다.

이렇게 나의 삶은 영업이 시작되면서 빛나기 시작했다. 수동적인 삶이 능동적이고 주인의식으로 살다 보니 그동안 보이지 않았던 많은 것들이 보이기 시작했다. 길가에서도 사무실에서도 무심코 버려진 휴지 하나라도 내 집에서 하듯이 줍게 되었다. 풀 한 포기, 나무 한 그루에도 감사가 나왔고 그동안 당연히 받는 것에 익숙해져 고마움을 몰랐던 가족에게도 너무나 고마워서 가슴 뭉클해지면서 잘해야지 마음먹었다. 작은 제품 하나라도 구매해주는 고객도 감사했다. 사람들이 예쁘게 보이고 친근함으로 고맙게 나에게로 와주었다.

나는 새로워졌다. 어제의 내가 아니었다.

영업을 시작하면서 어떻게 살고 싶은지 무엇을 원하는지 구체적이면서 뚜렷하게 알게 되었다. 인간은 누구나 건강하게 오래 살고 싶다. 진시황은 영원히 살고 싶은 욕망으로 서불(복)에게 삼천 동자를 주며 불로초를 구해오도록 보냈고 서불은 봉래산(한라산)까지 왔다 갔지만, 불로초는 구하지 못하고 돌아갔다. 돌아간 곳의 이름을 따서 서귀포라는 이름이 생긴 것이라 한다. 진시황은 불로장생의 꿈을 이루지 못한 채 49세에 세상을 떠난다. 불로초에 대한 욕망은 오늘날까지 모든 사람의 희망으로 이어지고 있다. 그런데 마침 나의 업이 건강하고 아름다우며 행복한 삶을 유지시켜주는 천연물과 관련된 것이었다. 나는 내가 관리, 담당하는 분들께 천연물을 통해서 면역력을 높일 수 있도록 하는 일이야말로 현대판 불로초를 전하는 것이라고 생각한다.

인간은 누구나 자신을 향상하고 싶은 심리적 욕구가 있다. 본능적 욕구이다. 나 역시 나를 향상하고 싶은 마음이 간절했다. 영업은 자신이 먼저 단단해질 수 있게 했으며 큰 꿈과 비전을 위한 도구이면서 인간에 대해서 깊은 이해를 할 수 있도록 해주는 기회였다. '아담 스미스'는 국부론에서 모든 사람은 어느 정도까지는 상인이 된다. 정치인, 예술가, 교수, 개인 모두가 '영업을 할 수 있어야 잘 살 수 있다. 또한, 영업은 기업의 중추 기능이며 근간이 된다. 판매 없이는 국가도, 기업도, 개인도 없는 것이다.'라고 했다. 영업을 단순히 물건을 파는 것으로 보는 시각은 지극히 작은 부분만 보는 시각이다.

영업(Sales)=정신은 고통과 모욕, 가슴앓이, 상처, 눈물을 다 이겨냈기에 어떤 광야의 삶도 끝까지 살아낼 수 있는 제4의 문화가 되는 것이다. 이 세상에는 돈으로 살 수 있는 것과 살 수 없는 것이 있다. 영업은 단순히 파는 것이 아니다. 누구든지 돈으로 살 수 없는 자신만의 자랑이며, 문화이며, 나만이 가지는 부의 원천이 되는 미래가 된다. 무슨 일을 하든 부의 원천은 상대가 나에게 호감을 느끼도록 하는 것이며 이것이 돈이 된다. 파는 것에 자신이 있다는 건 누구와도 잘 지낼 수 있다는 것이다.

이미 시작되었고 빠르게 다가오는 4차 산업혁명 시대에는 일자리가 없어지고 로봇으로 대체되는 시대이다. 그런데도 인간만이 가진 가슴과 가슴이 통하게 하는 영업은 기계가 할 수 없는 감성 채움과 인간의 성장에 대한 욕구가 충족되는 종합적 예술이다.

판매를 잘하고 싶어서 베풀고 나누고 섬기다 보니 각인, 뿌리, 체질이 바뀌면서 내면에서 우러나오는 열정이 외모도 빛나게 했다. 그 빛이 전달되어 퍼지게 되니 부는 따라오게 되어 있었다. 살면서 막연히 멋있게 살아야지 각오로 끝나는 것이 아니라 영업을 하면서 습관화된 실행력은 생활 시스템을 원하는 대로 바꿀 수 있었다. 불규칙하고 늦은 시간까지 허비하던 습관을 꿈과 목표에 맞추며 살게 되니 소득도 내 맘대로 정할 수 있었다. 이렇게 1년이 지나고 2년이 지나면서 규모 있는 삶의 틀이 만들어지고 안정감과 행복의 지수도 높아져 갔다. 작은 습관은 시스템이 되어 나를 움직여주었다.

좋은 사람으로 변하게 해주는 공부가 영업이다. 변하지 않으면 오래 지속할 수 없다. 영업을 비롯하여 모든 것은 기술이다. 어느 정도까지만 올라가면 어떤 분야를 하더라도 그 자리까지 갈 수 있다. 운전이라는 기술을 배워놓으면 몸이 알아서 움직여주는 것이다. 어떤 기술이든지 몸에 익혀놓으면 자동으로 움직이게 되고, 자동으로 손이 움직이고 자동으로 몸이 움직이게 되는 것이다. 그렇게 몸이 기억하게 하기 위해서는 자주 하면 잘하게 되어 있다. 그 누구도 태어나면서부터 잘하는 사람은 없다.

영업이라는 일을 하면서 나를 사랑하는 법을 배우게 되었다.
있는 그대로의 나, 두려워서 피했고, 몰라서 감추었던 나를 드러내는 방법을 알게 되면서 내가 원하는 걸 이루어줄 누군가에게 기대고 의지하려고 했던 내가 보이는 순간부터 나는 빛나기 시작했다. 있는 그대로의 나를 볼 수 있으니 웃을 수 있는 여유가 생겼다. 일의 의미가 삶의 의미라는 걸 깨닫게 되었다. 그때부터 목표가 생겼다. 한 단계씩 올라가는 승진에 대한 비전이었다. 최단기간에 승진하자! 어릴 때는 단계별로 꾸준한 성장이 가능하다. 나이가 들어서 성장하기 위해서는 긴 시간이 걸리고 쉽지 않다. 나는 가장 짧고 바르게 승진해놓고 그때부터 일을 배우기로 목표를 세웠다. 1차 목표 팀장, 2차 목표 부장, 3차 목표 지부장으로 승진시스템은 판매사원에서 사업가가 되는 멋진 과정이었다.

자리가 사람을 만든다. 승진은 따라가는 사람이 아니고 이끌어가는 사람으로 위치를 바꾸어준다. 아침 교실 교육을 준비하기 위해 더 많은 책을 봐야 했고 레크레이션 준비를 위해 선교원 선생님께 율동을 배우는 열정도 생겼다.

위치가 바뀌니 남이 보지 못하는 것을 보게 되었고 생각하게 되니 에너지와 아이디어가 넘쳐났다. 잠자는 시간에도 수십 번씩 일어나 아이디어를 메모했다. 그렇게 현장에서 1~2년을 뛰다 보니 평생 먹고살 수 있는 실력이 키워졌다. 지금도 어디선가 나처럼 자신이 얼마나 귀하고 소중한 사람인 줄도 모르고 불안과 두려움으로 도전해 보지도 못한 채 시간만 무의미하게 보내는 사람들이 있을 거라는 생각으로 한 사람을 만나도 정성을 다하며 만난다.

한 말 또 하고 또 하고 몇 번이고 성실하게 반복했다, 내가 활동하면 누군가에게는 반드시 나에게 있는 희망이 전달될 수 있을 거라는 믿음에서 증원과 승진에 올인하였다. 내가 가슴으로 한 결정은 맞았다. 이후로 나이도 학벌도 외모도 평범하지만 수많은 주부들이 꿈을 이루고 행복한 부자들로 성숙해가고 있다. 그 모습을 보고 있으면 존경과 감동이 넘친다. 내가 무슨 일을 해서 이보다 선한 영향력을 끼치며 살 수 있을까요?

도전은 우아하고 사치스러운 고민이고 많은 다른 고통을 줄여주는 비법이다. 도전하자 변화가 일어난다.

# 나는 32살에 진짜 어른이 되었다

1992년 32살에 나는 나를 둘러싸고 있던 가짜에서 나올 수 있었다. 내 것이 아닌데 주렁주렁 달고 있던 게으름, 나태함, 핑계, 두려움 등 빌려서 내 것인 것처럼 오랫동안 쓰던 것들을 떠나보내겠다고 결단을 내렸다. 몸도 마음도 가벼워지는 것을 느낄 수 있었다. 잘잘못을 따지지 않고 모든 부분을 나에게서 시작하였다. 내가 나를 경제적으로 정신적으로 모든 만남도 책임지고 수용하기로 깨닫고 결단했다.

그 순간부터 나는 진짜 어른이 되었다. 마음속과 실력을 바꾸는 데는 오랜 시간이 걸린다. 그동안 습관화된 관성의 법칙에 의해서이다. 나는 우선 겉모습부터 바꾸기 시작했다.

50만 원 종자돈으로 큰 서류 가방을 사서 남양 알로에(유니베라) 화장품으로 가방을 채웠다. 나의 오늘날 수억대의 자산을 이룬 종자돈이 된 50만 원이다. 내 인생의 재창조가 시작되는 순간이었다.

청바지와 운동화만 신던 나는 정장 옷 3벌을 샀다. 특별히 빨간색 한 벌, 흰색 한 벌, 파란색 한 벌, 빨간색 상의에 흰색 스커트, 흰색 상의에 빨간색 스커트, 파랑색 상의에 흰 스커트, 흰 상의에 파랑색 스커트, 빨간색 상의에 파란색 스커트, 3벌의 옷으로 수십 벌의 많은 유니폼으로 탄생시켜서 입고 활동했다. 긴 생머리를 좋아했던 나는 아침마다 시간을 아끼기 위해서 머리를 짧은 단발로 잘랐다. 시간을 아끼고 일에 집중해서 성과를 높이기 위해 나중에는 아예 쇼트커트로 헤어스타일을 완전히 바꿨다.

키 168cm로 부담스러운 큰 키에도 구두는 언제나 10cm 하이힐을 신었다. 스커트 길이를 짧게 입었다. 발랄하고 생동감 있는 내 모습을 만들고 싶어서 노력했다. 어떻게 하면 다른 사람이 나를 기억할 수 있을까? 생각해서 나온 실천이었다. 빨간색 립스틱을 바른 이유는 피곤해 보이는 모습을 보이지 않기 위해서였다. 또 밝고 컬러풀한 옷을 선택한 이유는 나를 지켜보고 만나는 사람들의 기분이 밝아지고 에너지가 전달되길 바라는 마음에서 실천한 행동이었다. 작고 차분하고 조용한 목소리 톤도

'솔~~' 톤으로 밝게 올렸다.

말이 느렸던 나는 되도록 빨리하려고 했다. 좋은 일도 나쁜 일도 자꾸 하면 잘하게 되어 있었다. 선택도 책임도 내게 있다. 남을 위해서 한일 같았는데 모든 일이 나를 위한 일이었다. 1박 2일 세미나가 있을 때는 옷을 몇 벌씩 들고 갔다. 편안한 복장으로 참석한 사람들은 의아해하며 바라보았지만 나는 내가 일하는 회사가 나 때문에 조금이라도 발전하기를 바라는 마음이었고 나도 함께 성장하고 싶었다.

조금만 부지런해도 주위를 깨끗하고 환하게 밝힐 수 있었다. 그렇게 선한 영향력을 가지고 활동했던 습관으로 지금은 컬러풀, 원더풀, 뷰티풀은 나의 트레이드마크가 되었다.

이렇게 준비하며 첫 번째 목표를 정했다. 해 떨어지기 전에는 집에 안 들어간다.

해가 떨어질 때까지는 어디든지 돌아다녔다. 갈 데가 없을 때는 교회가 보이면 들어가서 기도로 시간을 채웠다. 어떻게든 나와 정한 시간을 채웠다. 나와의 약속을 지키기 위해서 할 수 있는 일이었다. 나도 나를 믿을 수 없었다. 오래 각인되었던 습관의 뿌리로 돌아갈까 봐 5만 원을 주고 캐비닛을 샀다.

그곳에 언니에게 부탁하여 곗돈 500만 원을 받아 제품을 사서 채웠다. 돈을 구분시켰다. 그 당시 500만 원은 부산의 변두리 주공 APT를 살 수 있는 큰돈이었다. 나 스스로 물러설 수 없는 막다른 곳으로 내몰았다. 앞에는 낭떠러지 뒤에서는 호랑이가 쫓아온다고 자신에게 동기부여 했다.

콩나물에 물을 주면 어느 순간 자라난다. 그렇게 기다리기에는 이미 나는 나이가 많다는 생각이 들었다. 어른은 한꺼번에 점프해야 변할 수 있다는 것도 그때 도전했던 경험으로 알게 되었고 그때부터 무슨 일을 해도 점프! 점프! 하며 실천했다.


두 번째 목표 점프를 위하여 근무하는 회사를 중심에 놓고 요일별 위치를 정했다. 정해진 요일에 그 지역에 갔다. 월요일-덕천동. 구포시장, 신 만덕, 사직동, 산성 오리마을 등.

화요일-화명동, 금곡동, 양산, 통도사. 이런 식으로 요일별 활동은 한 고객이 여러 사람으로 소개로 이어지게 되고 점점 지경을 넓혀가면서 하루 목표 해 떨어지기 전에 집에 안 가기! 10만 원 못 팔면 집에 안 간다!

그렇게 시스템화 시켜놓고 활동하니 시간이 지난 후 아이기 태어나서 활동할 때도 일요일은 아이를 태우고 여행 삼아 여유롭게 먼 곳으로 활동을 다녔다.

지금도 그때 습관화된 운전 습관이 아이가 조수석에 앉아 있는 것처럼 급정거 시 오른쪽 조수석을 손으로 막는 습관이 생겼다. 습관이 나를 움직였다. 목표를 정하고 나니 많은 체험을 하게 되었다. 자정이 넘어서 포장마차에서 달성 후 집에 들어간 적도 있다. 10만 원 목표를 달성하고는 하루 20만 원, 30만 원 이런 식으로 높여갔다. 나중에는 빨간 여행용 가방에 제품을 가득 채워서 끌고 다니며 활동했다. 고객들이 여행 가느냐고 물으면서 재미있어했다. 이렇게 활동하다 보니 더 많은 활동을 위해서는 기동력이 필요해 내 생애 최초 승용차 현대 엘란트라를 할부로 샀다.

한 번도 배워 본 적도 직접해본 적도 없는 교회 꽃꽂이를 우연히 시작하게 되었다. 169번 콩나물 버스를 타면 긴 나무 꽃꽂이 소재들이 옆 사람을 찔러서 너무 미안한 마음에 하나님 '티코'(당시 제일 작은 소형차)라도 있으면 좋겠어요. 했는데 일을 하게 되면서 자연스럽게 차도 생겼다. 마음으로 생각하는 것은 씨앗을 심는 것이고 열매가 열리는 일이라는 체험도 했다.


그 당시 나는 짧은 기간 동안 여러 번의 사업실패로 몇 만 원도 아쉽고 귀중했던 상황에서 어디서 그런 결단의 힘이 나왔는지 지금 생각해도 너무 잘한 일이었다. 생각해보면 절대 긍정과 겁이 없었고 선택과 집중 했기에 운도 좋았다. 지금도 어떤 선택을 할 때는 즉시 실천하면서 해결해나가는 고민이 없는 습관으로 실천한다. 눈에 보이는 것보다는 눈에 보이지 않는 보물이 많음을 알기에 보이지 않는 걸 보려고 한다. 그 믿음으로 결정한다.

남들이 할 수 있고 해놓은 결과를 보면서 나도 할 수 있다는 자신감이 생겼다. 이제까지 한 번도 가보지 못했던 곳으로 갈 수 있게 되었다. 영업은 내가 가고 싶은 곳으로 갈 수 있도록 도와준 행복한 시작이 되었다. 한계가 없는 일이니 늘 새롭고, 기대된다. 어느 구름에 비가 들어있는지 모르는 일이기 때문이다.

처음 일을 시작할 때 세운 시스템대로 움직였고, 남들과 경쟁하는 것이 아니고 어제의 나와 경쟁했다. 남다른 근성이 있거나 머리가 뛰어난 것은 아니지만 나는 잘 듣는다. 듣다가 한마디하고 들어주다가 한마디하면 그 속에서 내가 할 말들이 생각났다. 그 말은 답이 되었다. 즐거웠다. 처음 본 나에게 여러 가지 말해주며 친절하게 다가오는 사람들이 신기하고 고마웠다. 재미가 붙기 시작했다.


생활의 모든 곳이 나에겐 배움터였다. 밭을 가꾸다 보면 풀이 무성해진다. 주인인 나는 내가 심어놓은 것들이 풀 속에 있어도 보인다. 고생해서 심었기 때문이다. 지나가는 사람들은 풀 속에서 뭐 하냐고 우습게 생각한다. 나는 내가 있는 곳에 마음을 둔다. 나와 만나는 사람에게 마음을 둔다. 그럴 때 많이 볼 수 있고 사랑할 힘이 생겼다. 밭에서 이것저것 챙겨서 돌아오는 날 식탁은 싱싱한 먹거리로 푸짐해지는 것처럼, 자세히 보려고 몸이 있는 곳에 마음을 두었다.

나를 바닥에 내려놓고 일하다 보니 마음이 커지는 것 같았고 보이는 것과 보이지 않던 꿈이 달라졌다. 먼저 할 것과 나중에 할 일을 구분할 수 있었다.

중요한 것을 먼저 하기 시작하면서 여름이면 누구나 산과 들로 떠나는 휴가를 스스로 포기하면서 다짐했다. '나는 나중에 해외여행을 마음껏 다닐 거야' 그 꿈은 이루어졌다. 100번 이상의 국내와 전 세계를 여행하면서 살게 되었다. '내 아이가 보행기를 맘껏 탈 수 있는 넓은 집에서 살아야지.'라고 했던 꿈도 내 방에서 아이를 불러도 안 들리는 넓은 집에서 살게 되었다. 맘껏 베풀고 나누고 섬기며 살고 싶었던 꿈도 주관적 내 기준이지만 원 없이 한도 없이 해보며 살았고 더 할 수 있는 기회가 주어진다면 감사한 일이다.

건강 복음을 전하는 일을 하면서 자유롭게 선한 영향력을 끼치며 살고 싶던 나는 어느 날 (마태복음 16장 16절)에서의 베드로의 고백 '주는 그리스도 살아계신 하나님의 아들 이시니이다'라는 의미를 조금씩 알게 되었다.

다 될 날이 올 거니까 성실하게 살면서도 때를 기다릴 수 있게 되었다. 이 모든 일은 32살 어른이 된 이후부터 시작된 일들이었다.

나는 이런 시의 표현처럼 살고 싶다.


성공이란 무엇인가?

                                              – 랠프 월도 에머슨

자주 그리고 많이 웃는 것.

현명한 사람들에게 존경을 받고, 해맑은 아이들에게서

사랑을 받는 것.

정직한 비평가들에게 인정을 받고,

잘못된 친구들의 배반을 견뎌내는 것.

(중략)

무엇이든 자신이 태어나기 전보다

세상을 조금이라도 더 살기 좋은 곳으로 만들어놓고 가는 것,

당신이 살아 있음으로

단 한 명의 생명이라도 조금 더 쉽게 숨 쉴 수 있었다는 걸 아는 것.

이것이 바로 진정한 성공이다.

# PART 2

# 나는
# 3.3.3 법칙으로
# 억대 연봉자
# 되었다

**01**

# 3.3.3 전략으로 목표 달성하기

일하는 목적은 무엇인가?

사람마다 각자 다른 여러 가지의 이유와 목적이 있을 것이다. 경제적 자유를 이루고 싶어서, 나만의 성취감을 이루고 싶어서, 건강을 위해서, 행복하기 위해서, 선한 영향력을 끼치고 싶어서 등 각자의 생각에 따라 이유는 다르지만, 반드시 목표와 방향에 의해서 일의 성패가 갈린다. 무슨 일을 하든지 목표가 없으면 금방 길을 잃어버리게 된다. 그리고는 열심히 했는데 안 된다, 어렵다 등. 자기 합리화에 빠지게 된다. 그렇게 되지 않기 위해 반드시 모든 일을 시작하기 전에 목표가 있어야 한다.

목표를 이루려면 그에 맞는 전략과 전술 실행 계획이 있어야 한다. 분기 계획, 월 계획, 주 계획 일일 계획의 목표가 있어야 한다. 분기 목표는 월 목표로 나누고 월 목표는 주목표로 나누고 주목표는 일일 목표로 나누면 된다. 일일도 시간으로 쪼갠다. 쪼개면 쪼갤수록 쉽다. 무엇보다도 일일 목표를 이뤄내는 습관을 지녀야 한다. 습관이 일하게 하는 거다. 매일 운동하는 사람은 그 시간만 되면 밖에서 부르는 것 같고 하지 않으면 뭔가 허전하다. 일하는 습관도 같다.

일일 목표를 달성하지 못하면 그다음 날 그만큼의 일의 부채가 늘어나는 것이다. 그날의 목표를 이뤄내는 것은 굉장히 중요하다. 조금 벅차고 힘들어도 내가 원하는 목표를 이루기 위해서는 목표를 바꾸지 말고 방법을 업그레이드시키면 된다. 나는 상황에 따라 만나서 바로 판매로 들어가기도 하고 시간을 가지고 연결하는 방법을 기본으로 했다.


목표를 이루기 위해서 나는 3.3.3 법칙을 실행하여 억대 연봉을 이루었다.

첫 번째 3은 300명의 명단을 지속해서 채워나갔다. 명단이 중요하다. 300명이라는 명단은 농사짓는 농부에게 땅이 있듯이 나에게는 과수원이고 논, 밭이 되었다. 물도 주고 거름도 주고 하다 보면 곡식과 열매가 열리듯이 나에게도 명단을 통한 지속적인 관심과 만남은 인생 최고의 운명적 만남의 축복 열매가 열리게 되었다.

세상에 쉽게 되는 일은 없다. 농부의 발걸음 소리만큼 곡식이 자라고 쌀 한 알이 밥상으로 올라오기까지 농부의 손길이 수백 번 거쳐야 하듯이 어떻게 좋은 인간관계를 맺을 수 있을까? 고민하고 방법도 연구해야 했다. 관심을 가지고 더 나은 쪽으로 만남을 전하려고 노력했다. 길은 길 따라 흐르고 물은 물 따라 흐르고 사람은 사람 따라 흐른다. 사람이 따르지 않는다는 것은 좋은 사람이 되려고 노력해야 한다는 뜻이라 생각하며 실천했다.

두 번째 3은 300명의 10% 해당하는 30명이다. 30명의 고객이 만들어지고 만들어가는 방법이다. 30명은 내가 하는 일의 마니아가 되어주었다. 이러한 시스템으로 30명의 고객은 100명, 200명으로 늘어갔다. 만나고, 부딪치고 협업하면서 상대방의 필요성을 알아가는 과정이다. 만남이 지속되면서 친구로 바뀌어가고 가족과 같은 위로가 되고 힘이 되는 인간관계가 되었다.

세 번째 3은 30명 중에서 3명은 함께 일하고 싶어 하는 사람과 만남이 시작된다. 세상의 만남 중에 이렇게 아름다운 만남도 흔하지 않다. 내가 누군가의 롤 모델이 되어가는 흥분되고 가슴 벅찬 순간이다. 한 사람 한 사람을 흔히 오케스트라 악기에 비유한다. 제각기 다른 악기들이 하모니를 이루듯이 우리도 각자의 문화, 생각, 지혜가 모여 아름다운 만남으로 세상에서 가장 가치 있고 아름다운 하모니를 이루며 함께 일하는 동료가 되어갔다. 무슨 일을 해도 명단 부터 받았다. 명단받기는 진리다.

나는 먼저 일하고 있던 선배를 지속적으로 설득해 수십 년 동안 고집스럽게 질끈 묶었던 머리를 미용실에 데려가 단발로 상큼하게 잘라주었다. 틀을 깨고 나오게 해준 후 소녀처럼 기뻐하며 좋아하던 모습은 지금도 잊을 수가 없다.

주근깨투성이의 얼굴에 파운데이션을 발라주고 오랫동안 방치해놓아 사라진 입술 선을 찾아 립스틱을 그려주었다. 큰 점퍼에 가려져서 몰랐던 88 사이즈 옷을 찾아 수줍어하는 언니에게 옷을 골라주었다. 지금 생각해도 눈물 나고 가슴이 뭉클하다. 받은 사람은 기억할지 모르지만, 마음으로 간절한 마음을 담았던 나는 지금도 잊을 수 없는 나에겐 기억이다. 남편이 선배 보증을 잘못 서서 집을 비워줘야 하는 사태가 벌어져서 죽겠다고 울고불고하던 그들에게 단숨에 은행으로 달려가 마이너스 통장에서 '천오백만 원을' 빼주며 아이들을 위해 더 열심히 살자고 위로하고, 남편의 취직자리를 알아보려고 동분서주 뛰어다니며 구해주었던 '나'였다. 모든 일은 그냥 마음으로, 생각되는 대로, 몸으로 행했던 일이었다. 그렇게 살 수 있었던 기회가 나에게 있어서 다행이었다.

젊은 엄마들과 함께 일하다 보니 날마다 사건이고 변수의 연속이었다. 어디서 무슨 일이 생길지 몰랐다. 아이 일, 시댁 일, 친정 일, 남편 일, 동료들 일, 무슨 일이든 미리 걱정하지 말고 생기는 대로 대처해가는 것이 최고의 상책이었다. 한번은 아기를 낳은 산모가 된 동료를 위해 밤새도록 끓인 곰국을 큰 들통 가득 만들어 산동네까지 낑낑대며 실어다 주러 갔다. 비가 오는 날이었는데 방으로 비가 들어오는 걸 보며 마음이 아파 집 사기 프로젝트를 시작했다. '전 사원 집 사기' 운동으로 더욱 열심히 일하며 저축하며, 경매로 나온 물건을 보러 다녔다.

집을 사는 사람들에게는 소파, 냉장고, 그릇 세트 등 필요한 것을 선물했다. 열정과 성실이 전부였던 시절 아무도 알아주지 않더라도 내가 나를 칭찬해주고 싶은 내 삶의 일부분이다. 이렇듯 판매와 증원은 나도 잘 살고 남도 살리는 일이다. 그 어떤 일보다 사람을 이롭게 하는 가치 있는 일이다. 판매와 증원은 콩 심은 데 콩 나는 과학이고 사랑임을 알게 되었다. 증원은 상대방과 나의 가슴을 따뜻하게 만들어주는 일이었다.

30년이 지난 오늘도 나는 누구를 만나던지 함께 하자고 말을 건네며 먼저 웃고, 먼저 인사하고, 먼저 준다. 올바른 일인 줄 알면서도 때로는 하고 싶지 않을 때도 있다. 경험으로 그럴 때도 일하는 것이 문제를 해결시켜 주는 문이 열렸다. 해마다 어김없이 봄이 되면 꽃을 피우고 가을이 되면 열매를 맺는 자연처럼 나도 성실하게 3.3.3. 법칙을 실행하였다. 3.3.3. 법칙은 억대 연봉을 이룰 수가 있었고, 하고 싶은 일, 갖고 싶은 것들을 가질 수 있게 해주는 황금 거위가 되어주었다.

3.3.3 법칙의 원리를 모든 일과 삶에 적용할 수 있었으며 파도 파도, 써도 써도 마르지 않는 샘물이 되어주었다.

'꽃'

- 김춘수

"내가 그의 이름을 불러 주기 전에는 그는 다만

하나의 몸짓에 지나지 않았다.

내가 그의 이름을 불러 주었을 때

그는 나에게로 와서 꽃이 되었다.

내가 그의 이름을 불러 준 것처럼

(중략…)

우리는 모두 무엇이 되고 싶다.

너는 나에게 나는 너에게

잊히지 않는 하나의 눈짓이 되고 싶다."


나는 은은하게 향기가 지속하는 들꽃처럼 살고 싶었다. 살면서 일하면서 늘 되뇌던 '꽃'이란 시를 좋아했다. 구절구절이 내 마음 같다. 자신의 마음속에 준비되어 기다리고 있을 무엇인가를 찾아가는 과정에서 나의 작은 실천이 누군가에게 힘이 되고 용기가 되고 싶었다.

엄마처럼, 언니처럼, 동생처럼, 친구처럼 다가갈 수 있어 좋았다. 그렇게 살 수 있는 이런 기회가 나에게 있어서 행운이다. 이러한 순간순간 과정 과정을 소중하게 행함이 나의 일이고 삶이어서 좋다.

## 02

# 영업을 모르는 자, 인생을 논하지 마라

나에게 영업이란 어제보다 더 나은 사람으로 성장과 성숙해지도록 도와주는 길잡이였고 도구였다. 영업은 나와 잘 지내는 방법을 터득해 가는 과정이었고 사람들과 잘 지낼 수 있도록 길을 열어주는 인생 내비게이션이었다. 한 사람을 아는 것은 길을 하나 더 아는 것과 같았다.

사람을 만나야 하는 영업은 내가 가고 싶은 행복한 길로 인도해주었다. 그렇게 멋진 일이 영업인데 가장 큰 걸림돌이 자존심이다. 자존심은 남을 향한 판단의 기준이고 자존감은 자신 중심 판단 기준이다. 현장에서 제품을 들고 판매하러 나가서 거절당하면 자존심 상하고 다른 사람에게 상처받았다고 느낄 수 있다. 그런 이유를 핑계 삼아 쉽게 포기하는 예도 있다. 나는 자존심이 강하다고 말하면서 그만두는 이유를 합리화하는 경우가 많다. 다른 사람에게 책임을 전가하는 것이다. 자존심이 강하다는 것은 자만할 수 있다는 것을 모르기 때문이다.

세상의 모든 이치가 그렇듯이 자존심+자존감=합이 1이 된다. 상처받아서 자존심이 1이라면 자존감은 0이 되는 것이다. 자존심 1이라면 자존감은 9가 되는 것이다. 어떤 것을 선택하느냐는 각자의 몫이다. 어떤 제품을 판매하든지 영업을 시작해보면 나의 자존감의 수준을 알 기회가 된다. 자존감을 높일 수 있는 발판이 영업을 잘하려는 과정에 있었다.

영업에서 한번 시도해보고는 52% 사람들이 발길을 돌린다고 한다. 내가 자존심 있는 사람인데 하면서 두 번 만남을 시도하지 않는다고 한다. 때로는 자존심도 필요하지만, 자존심만 내세우다 보면 정작 중요한 일들은 성사되지 않고 판매 또한 이뤄지지 않는다.

성격이 화통하고 활발한 사람이 영업을 잘할 것이라 생각하지만 함께 일한 많은 사람들을 지켜본 결론은 조용하더라도 자존감이 높은 사람들이 대기만성형이 될 수 있는 확률이 높았다. 소속되어 있는 곳에서 최고의 위치에 앉아본 사람은 다른 일을 해도 그만큼 위치까지는 갈 수 있다.

어떻게 사는 것이 진정으로 나를 위하는 삶인지 생각해보면 답이 나오게 된다. 내게 필요한 것일수록 그것이 돈이든 사람이든 멀리 보고 정직하게 가야 한다. 그렇게 하지 않으면 나중에는 비용이 어마어마하게 더 들어간다.

영업을 오래 하다 보면 남녀노소 불문 직업, 학력, 재력 불문하고 잘 지낼 힘이 생긴다. 무자본, 무학력, 무점포에서도 원하는 만큼의 경제를 얼마든지 이룰 수도 있게 해주는 것이다. 영업을 처음 시작할 때 기획, 전략, 전술, 재무, 마케팅, 상품 공부 등 모든 분야 일인다역을 해야 했기에 옛 틀이 깨지면서 새로운 틀로 시스템화 되기 때문이다.

한 방울의 물이 바람에 일시적으로 넓어지지만, 진짜 넓이는 깊어져야 넓어질 수 있다. 영업을 몰랐더라면 만물의 이치와 사람을 이해하는 깊이와 나에 대한 진정성의 넓이가 이만큼이라도 넓어질 수 없었을 것이다.

사실과 진실에 대해 질문하였고, 어떡하면 나를 만나는 사람들에게 선한 영향을 줄 것인가? 질문하며 실천하다 보니 나를 만나고 싶어 하는 사람들이 많아지고 나에게서 배우고 싶어 하는 사람들이 많아져 갔다. 이유는 더 하기 삶이 아니고 곱하기 삶으로 살려고 노력했기 때문이다.

2+2=4, 2X2=4, 2+3=5, 2X3=6, 2+4=6, 2X4=8 처음에는 작은 차이가 나중에는 큰 차이로 변한다. 작은 차이가 큰 차이로 평생을 좌우한다.

부모 · 자식 간에도 영업 마인드가 곱해진다면 더 행복하고 안정적이며 예측 가능해지고 잘 살 수 있다. 굽힐 때 굽힐 줄 아는 자존감은 언짢은 기분에서 빨리 되돌아오는 탄력 회복성, 급한 일 앞에서 웃을 수 있는 여유, 영업으로 체득된 품격이 달라지는 모습들이다. 영업을 알면 마음먹은 대로 물질로 나타나는 것들을 체험할 수 있다.

영업은 가방에 있는 명함 한 장으로 어느 생면부지의 집이라도 들어갈 수 있는 자격증이 생기는 것이었다. 얼마나 멋진 일인가? 나에게 아무것도 묻지 않는 이유는 내가 판매하는 제품이 나를 보증해주기 때문이다. 나는 그렇게 맘 편히 일했다.


최초 중국 통일 진시황(여불의 아들)이 죽고 어지러운 틈을 타고 수십 개의 세력이 나타났다.

초나라 왕족 출신 항우가 중국의 90% 점령하였고, 유방이 10% 점령해서 항복하지 않고 버티고 있었다. 한신은 실업자가 되어 고향(산동 지방) 시장에서 일하는 형수 일을 도우며 항상 성공하기 위해 큰 칼을 차고 밥을 얻어먹고 다녔다. 어느 날 시장 골목대장 불량배를 만났다. 한신을 보고 '내 가랑이 밑으로 개 흉내 내면서 지나가라'고 했다. 한신은 두말하지 않고 멍멍하며 불량배의 가랑이 사이를 지나갔다.

그렇게 살던 한신은 항우를 찾아가 '나 좀 써주십시오.' 항우는 '뭘 할 줄 아느냐?' 한신이 '칼은 좀 씁니다.' 지금의 계급순위와 비교해보면 대장(별 4개), 중장(별 3개), 소장(별 2개), 준장(별 1개), 대령, 중령, 소령,

대위, 중위, 소위, 연대장, 대대장, 중대장, 소대장, 계급 중에서 최말단 자리인 중대장 자리를 주었다. 오늘날 힘이 센 사람을 지칭할 때 항우장사 같다고 하듯이 항우는 힘이 세고 왕족 출신이다. 어려움 없이 살다 보니 어려운 사람 심정을 모르고 인색했다.

이런 사실을 알게 된 한나라의 왕 유방의 수하에 있던 전략가 장량이 큰사람은 큰 대접을 해줘야 한다며 황금을 꺼내와 말안장을 만들고 기악대, 군악대 몇 천 명과 팡파르를 울리며 금 안장에 앉혀서 한신을 모셔왔다. 그리고는 군 참모총장 자리를 주고 군사에 관한 전권을 한신에게 주었다. 다다익선(多多益善)이라는 유명한 말을 남긴 한신의 인물됨을 알아본 것이다. 이후로 유방과 기획력이 뛰어난 전략가 장량, 행정가 소하, 번쾌와 함께 천하를 통일하게 된다.

유방은 한신에게 고향인 제나라를 주었다. 제왕이 된 한신은 임치라는 고향 마을로 가서 자기에게 밥 한 그릇씩 준 주막 할머니들을 일일이 찾아가 보상한다. 그래서 '밥 한 그릇이 천금으로 돌아온다.'라는 말이 있다.

많은 여성과 일할 때 가장 먼저 한 사람 한 사람에게 가지는 나의 마음은 소중한 사람이라는 믿음에서 출발하였다. 그리고는 승진이란 제도를 지렛대로 사용하여 동기부여 해나갔다. 자신이 모르고 있던 능력을 꺼내서 쓸 수 있도록 했다. 일을 해봐야만 그 사람을 알 수 있다.

필드에 나가면 불특정 다수의 여러 사람을 만난다. 나를 단순히 물건 파는 장사꾼으로 무시하는 사람도 있고, 따뜻하고 인정스럽게 대해주는 사람도 있다. 어떻게 다가오든지 오늘 나를 키워주기 위해서 나와 만나게 된 스승들이라 생각했다. 내가 나를 귀히 여기는 자존감 있는 사람이라면 누구에게도 함부로 대할 수 없다.

한신은 키가 크고 덩치 크고 힘도 세고 잘생긴 자신에게 가랑이 밑으로 지나가게 했던 시장 불량배 골목대장을 불러 말했다. 그때 내가 너를 죽일 수도 있었다. 그렇게 했더라면 순간은 시원했겠지만 나는 죄인이 돼 있을 것이고, 오늘날 제왕이 될 수도 없었을 것이다. 자존심은 상했지만, 너랑 싸우지 않는 것이 나의 자존감이었다. 자존감은 소중하고 귀한 것을 알기에 기꺼이 참아낼 수 있게 하는 에너지를 준다.

중요하고 소중한 것은 제품을 파는 것이고, 대가로 고객이 건강해지고 아름다워진다. 수많은 만성 질환을 예방해줄 수 있으니 삶의 질을 높여주는 일이다. 나는 꿈을 이룰 수 있게 되고 소중하고 사랑하는 내 아이가 필요한 것을 할 수 있도록 도와줄 힘도 생기게 된다. 살면서, 영업하면서 문제와 걸림돌은 있을 수 있다. 문제 앞에서 늘 질문한다. 지금 중요한 것이 무엇인가? 어떻게 해야 하는가? 피하지 말고 옛 틀을 깨는 갱신이 필요했다.

옛 틀을 깨는 것은 힘들고 불편하다. 하지만 어제까지의 틀을 깨는 갱신 없이는 발전도 없고 내일도 없다. 보이는 것, 가식적인 것, 그 위에 것을 향해 몸과 마음을 두려고 했다.

그것이 진정한 행복을 맞이하는 방법이라 생각했다. 영업은 개인의 자립과 경제적 자립도 하게 해주었고 영업은 나를 선한 영향력 있는 인생으로 바꾸어주었다.

**03**

# 싸우지 않고 이기는 방법

사랑하는 국장님께.

계절은 정직하고 변함없이 흘러서 가을입니다. 코로나라는 새로운 환경 속에서도 여전히 우리 국장님은 큰 산처럼 바위처럼 우리를 지키시고 이끌어주시니 참으로 감사합니다.

사랑하는 국장님!

시도도 해보지 않고 자신이 얼마큼 해낼 수 있는지 모르는 우리를 자신의 가치를 알게 하시고 꿈을 꾸게 하시고 그 꿈을 이룰 수 있도록 평생 공부하시고 가르치시기에 성실로 정성을 다하시는 국장님은 영원한 현역이십니다. 삶은 만남의 연속이고 만남이 전부입니다. 유니베라 화명 중앙 국장님을 만난 것이 인생 최고 만남의 축복입니다. 아직도 많이 부족하지만, 누군가에게 받는 사람이 아니라, 말, 웃음, 건강, 마음, 열정, 돈, 많은 것을 줄 수 있는 행복한 부자로 살게 하시니 감사합니다.

국장님, 시간은 흐르고 밤이 되고 아침이 되고 낮이 되고 또 저녁이 되고 세월이 아무리 흘러도 우리 국장님은 항상 건강하시고, 행복하시길 기도합니다.

한 사람 한 사람의 장점을 찾아내어 키워 주시는 국장님, 때로는 엄마처럼 나의 이야기를 들어주시고 언제든지 다시 털고 일어날 수 있도록 새로운 힘을 주신 국장님, 사랑하고 닮고 싶고, 존경합니다.

 – 추석을 맞이하며 2020.9.28. 권말선 수석 올림


수십 년간 셀 수 없이 많은 사람과 함께 일했다. 당장 좋은 소리 듣는 인기 있는 사람이기보다는 나를 만나서 일하게 되는 사람들이 처음은 좀 힘들더라도 시간이 지나면서 소득이 높아지고 실력이 향상되어 미래가 안정되고 행복하기를 바라는 마음으로 일에 임했다.

서로를 키우는 사랑을 하고 싶었다. 그렇게 되기 위해서 우선은 듣기 싫어하는 쓴 소리도 많이 했다. 서로 성장하면서 마음을 헤아릴 수 있게 되었고 덕분에 20년 넘게 함께한 동료들에게 이렇게 마음 가득한 사랑을 받을 수 있는 오늘이 되었다.

흔히 사람들은 지피지기 백전백승(知彼知己 百戰百勝)이라 한다. '적을 알고 나를 알면 백번 싸워서 백번 이긴다.'라는 말로 쓰이고 있다. 그런 싸움이 있을까? 싸움이란 우선은 이긴 것 같지만 싸움에는 이기는 사람이 없다. 양쪽 다 다치게 되어 있다. 그런 말도 싸움도 있을 수 없다. 어떤 방법을 써서라도 싸워서 이기고 싶은 사람들이 많다는 표현일 것이다.

지피지기 백전불태(知彼知己 百戰不殆) 손자병법에서 손자는 '상대를 알고 나를 알면 곤란을 당하지 않게 된다.'라고 말하고 있다. 내 자리를 고귀하게 만들려면 또 고귀한 자리에 있다고 생각하는 사람이라면 불쑥불쑥 튀어나오는 대로 말하는 건 아니라고 본다. 그렇게 말하다 보면 제압할 수 없는 말을 입 밖으로 내게 되고 그로 인해 분위기는 역전이 되기도 한다. 실력이 없는 것이다.

승부를 겨루기 위해서 스포츠 경기가 아닌 사람과 사람의 싸움은 각자의 원하는 목표를 이뤄가는 것이 싸우지 않고 이기는 방법이라 생각한다. 나는 싸우지 않고 이기고 싶은 목표가 있다. 먼 훗날 '나'라는 사람이 떠오르면 그 사람의 입가에 웃음이 머물렀으면 좋겠다. 그 목표를 이루기 위해 지금 내 기분이 아무리 힘이 없고 좋지 않은 상태이더라도 해줘야 할 말은 해주고 기분이 아무리 좋아도 하지 말아야 할 말은 하지 않으려고 노력한다.

그날을 위해 다 해줄 수는 없지만 나와 함께 하는 사람들이 행복할 수 있는 나날을 만들어 가도록 실마리를 마련해주고 싶은 마음이기 때문이다.

　무슨 일이든 질량의 법칙은 진실이다. 많이 해보면 잘하게 되어 있다. 난생처음 해보는 아이를 출산하고 키우는 일도 처음엔 쩔쩔매다가 둘째부터 여유가 생긴다. 그때부터는 당황도 덜하게 되고 첫째보다는 힘이 덜 든다. 인생은 연습이라고 생각한다. 일을 포함하여 취미도 운동도 연습이다. 목표를 정해놓고 이루어가는 과정이 연습이다. 도전하고 실천해가는 것도 연습이다. 무슨 일을 해도 나는 연습 중이라 생각한다. 자꾸 연습한다.

　언제나 내 삶은 연습 중이라고 생각했다. 매사를 연습으로 생각하며 실천하다 보니 실전에서도 조급함이 덜하고 후회도 줄일 수 있었다. 훗날에 좀 더 열심히 살걸, 더 베풀며 살걸, 더 이해하며 살걸, 더 사랑하며 살걸, 이런 질문 앞에서도 완벽할 수 없겠지만, 여한은 줄어들 것이다.

　부모님은 늘 '지는 게 이기는 것이다'라는 말로 위로해주셨다. 그때는 내 맘도 몰라준다는 생각으로 섭섭해서 투정도 부렸다. 얼른 들으면 손해보는 것 같고 바보가 되라는 말 같았다. 지금 생각해보면 경험으로 다 알고 계셨기에 상대방을 이해해주고 배려해줄 수 있는 사람으로 크라는 뜻임을 나중에야 알게 되었다.

그 교육이 리더 교육이었다는 것도 나중에 알게 되었다. 많은 경험을 하시면서 얻으신 깨달음이 삶의 철학이 되셨던 것이고 더 소중한 것이 무엇인지 알고 계셨다는 것도 나이가 들어가면서 알아가고 있다.

나의 지난날을 생각해보면 뭐든 바로 잡고 싶어 했다. 누구든지 말한 거는 꼭 지켜야 하고 해야 한다고 생각했다. 어떻게 말해놓고 약속을 지키지 않을까? 속으로 화가 났다. 각자의 역량이 다른데 똑같이 하는 것이 공평하다고 생각했다.

그런 좁은 생각은 가족, 동료, 친구와 부딪치게 되어 있었다. 결과는 상대방이 떠나든지 내가 떠나든지 둘 중 하나다. 내 뜻대로 안 되면 화가 나고 표정에 드러나게 되었다. 감정적으로 변해서 금방 주워 담을 수 없는 말이 나오게 된다. 나도 상대방도 상처받는 부정의 말을 하게 하는 것이다. 잠깐만 생각해봐도 나도 내 뜻한 바대로 못하고 사는데 다른 사람을 내 뜻대로는 바꾸려 하는 시작이 잘못된 것이다.

지나고 보니 억지를 부린 거고 교만한 것이었다. 서로가 더 좋은 방향으로 가기 위해 시간이 걸리더라도 공감으로 소통하는 인내심이 필요함을 늦게 알았다. 살아가는 목적이 무엇인가? 사랑이다. 사랑하며 사랑받으며 사는 것이다. 사랑하면 부딪치는 방법을 승화시키려고 노력해야 한다. 그렇게 못할 바에는 입을 다물어야 한다. 어떤 경우에도 목적을 잊지 말고 방법을 바꿔나가야 한다.

일도 삶도 내 수준과 상대방의 수준에 맞춰서 조율해가며 조금씩 시간을 가지고 가야 한다. 마음이 급해질 때면 늘 기억하는 말이 있다. '아무리 바빠도 바늘허리 묶어서 못 쓴다.' 함께 가야 하기에 늦게 가더라도 지름길이 되었다.

때로는 싸우면 큰다는 말도 있다. 맞는 말이다. 싸우고 나면 생각하게 되고 반성도 하는 자기성찰의 시간이 있기에 클 수 있다. 단 싸울 때는 반드시 무슨 일로 싸우는지를 잊으면 안 된다. 싸우다 보면 감정이 격해지고 케케묵은 지난 상처까지 들추게 된다. 나중에는 무슨 일로 싸우는지도 모르고 양쪽 다 되돌릴 수 없는 상처의 결과를 만드는 우를 범하는 경우가 많다.

못났어도 잘난 척하지 않고 진실하게 살면 친구가 많아질 수 있다고 생각한다. 상대방이 나에게 함부로 대하는 것은 내 잘못이 아니고 그 사람의 인격이기에 너무 마음 아파할 필요는 없다. 또한 어제 의견이 달라서 싸웠던 사람이라도 오늘 맞는 말 하면 지지해 줘야 하는 것이 성숙한 사람이고 서로를 발전시키는 싸움이 될 것이다.

남이 나에게 한 작은 실수나, 맞는 말이지만 나에게 거슬리는 말은 참지 못하는 경우가 있다. 하지만 진짜 중요한 싸움은 다른 사람과 싸움이 아니고 어제의 나와 싸우는 것이다. 어제의 나보다 오늘의 나는 얼마나 성숙해가고 있는가? 성찰해나가야 한다. 미래는 그렇게 준비되며 만들어지는 것이다.

나라와 나라 간의 일, 기업 간의 일 어떤 분야의 일도 영업이다. 분야에 따라서 조금씩 다르지만, 숨 쉬고 있는 한 모든 것은 영업이라 생각한다. 팔아야 살 수 있는 일이기에 보이지는 않는 팽팽함이 있기 마련이다. 영업이라는 일의 특성은 갑의 자리보다는 을의 위치이다. 하지만 갑이면 어떻고 을이면 어떤가?

몸에는 면역력이 있어야 균이나 바이러스를 이겨낼 수 있듯이 영업력을 갈고닦아 이기면 되는 것이다. 고통 아니면 슬픔 이분법적인 사고에서 벗어나 어떤 자리에 있든지 내가 가진 노동이든 지식이든 특허권이든 상품이든 잘 설득할 수 있어야 잘 팔 수 있다.

잘 팔아야 잘 살 수 있다. 왜 팔아야 하는지 가치를 전할 수 있는 것이 본질이고 본질을 아는 것이 싸우지 않고 이기는 방법이다. 싸울 것은 가치가 가격을 결정하기에 가치를 높이는 일과 싸워야 한다. 그렇게 살기에도 부족하고 짧은 삶이다.

용비어천가에 '샘이 깊어야 물이 마르지 않고 뿌리가 깊어야 흔들리지 않는다.'라고 표현되어 있듯이 우리의 삶도 싸우지 않고 이길 수 있는 깊이로 누릴 수 있어야 한다.

가족, 상사 동료 누구에게든지 '척' 하면 교만해지고 미움을 사게 된다. 그러면 마음에 주름이 생긴다. 바지의 주름은 쉽게 펼 수 있지만, 마음의 주름은 펴지지 않는다. 너무 일희일비(一喜一悲)하면 누구든지 나에게서 멀어져가고 떠나간다. 싸우지 않고 이기는 것은 나를 좋아해주고 사랑하는 사람들과 함께 사는 것이다.

스포츠 경기나 공부는 늘 일등이 있다. 영업은 누구나 일등이 될 수 있다. 누구에게나 자리가 많다. 영업은 누구와도 싸우지 않고 나와 싸우면 되는 경쟁하지 않아도 이길 수 있는 넓은 문이다. 영업은 싸우지 않고 이기며 살 수 있는 인생을 만들어주고 있다.

**04**

# 옷차림은 연봉을 높인다

현대에는 무슨 일을 하든지 뛰어나기만 하면 반드시 귀하게 '명인' 대우받는 좋은 세상으로 바뀌었다. 누구에게나 기회가 주어지는 건강한 세상이 된 것은 모두에게 행운이다.

세상에 그냥 되는 일은 없지만 조금만 부지런해도 나 자신과 나를 만나는 사람들을 기분 좋게 하는 에너지를 줄 방법들이 많이 있다. 내가 실천한 기분 좋게 에너지 높이는 방법은 색깔에 숨겨진 비밀이다. 색깔에 따라 전달되는 에너지는 각각 다르다. 빨간색 립스틱을 바르면 피곤함을 감출 수 있으며 생기 넘치는 모습으로 바뀐다.

일하기 전에는 날씬해 보이려고 검은색 옷을 입고, 고상해 보이려고 베이지색 톤 옷을 즐겨 입었다. 어느 날 깨닫게 되었다. 태양을 향해서 꽃이 피듯이 생기발랄하고 에너지 넘치는 사람 주위에는 사람이 몰려든 다는 사실을 알게 되었다. 천성이 느리고 내성적인 내가 속을 바꾸는 데 는 시간이 오래 걸린다는 걸 알게 되면서 겉부터 바꾸기 시작했다.

겉모습 바꾸기 첫 번째는 옷 색깔을 바꾸는 것이었다. 과감히 빨간색, 파란색, 흰색 세 벌의 옷을 샀다. 빨간색 상의에 흰색 치마, 파란색 상의 에 흰색 치마 흰색 상의에 빨간색 치마 이런 방법으로 수십 가지 옷을 연 출하여 입었다. 내 생각은 맞았다. 한번 만난 사람도 나를 기억해주었 다. 반겨주기도 했다. 나중에는 더욱 과감하게 초록 치마에 보라색 블라 우스, 주황색에 핑크색 치마, 총천연색의 옷을 입었다. 내가 정한 신호등 패션이다.

차에다 옷을 걸어놓고 그날 만나는 사람, 시간, 장소에 따라서 바꿔 입 으면서 활동했다. 시장에서 일하는 고객을 만나러 갈 때는 시장에 맞게, 식당 활동에는 식당에 맞추고 학교나 가정집을 방문할 때는 그곳 환경에 맞는 옷차림을 했다. 만나는 사람들과 눈높이를 맞추며 소통하기 위해서 였다. 처음 해보는 영업이라 속마음은 긴장되고 부끄러웠지만, 겉모습의 나를 보는 사람들은 내가 항상 자신감이 넘치는 사람인 줄로 알아주었 다.

나도 놀랄 정도로 많은 변화가 일어났다. 옷 색깔 하나 바꿨을 뿐인데 놀랍도록 실적도 늘어나기 시작했다. 이후로 더욱 옷 색깔과 차림이 바뀌면서 자신감도 생기고 어딜 가든지 당당한 외모로 바뀌었다. 나를 대하는 사람들도 당당하게 대해주었다.

신기하게도 겉을 먼저 바꾸고 나니 속도 바뀌어 갔다. 옷차림이 바뀌니 고객들도 전문가로 봐주었고, 믿음과 신뢰도 앞당겨졌다. 함께 일하고 싶어 하는 사람도 늘어갔다. 깔끔하고 단정한 모습은 나이보다 어리게 보였다. 어딜 가도 돋보이면서 대우가 달라지고, 수많은 좋은 결과가 생기는 것이 옷차림이었다. 옷을 잘 갖추어 입게 되면서 태도와 말도 달라져갔다. 옷 색깔은 나와 나를 만나는 사람들의 기분을 좋게 해주었다.


패션의 완성은 구두와 가방이라 한다. 깨끗하고 좋은 신발은 좋은 사람, 좋은 장소로 데려다주길 바라는 마음으로 선택하였다. 굽은 7센티 높이부터 10센티 높이를 신었다. 항상 단전(아랫배)에 힘을 주고 걷는 습관은 지금도 바른 체형을 유지시켜주는 건강 방법이다.

높은 구두를 신고 수만 시간을 걸어 다니고 있지만, 발에는 굳은살이 생기지 않았다. 처음부터 편안한 구두를 선택해서 신었기에 그런 것 같다. 굽도 제때 갈아주고 항상 깨끗이 닦아서 신었다. 항상 공부하는 마음으로 책과 노트를 넣어야 하는 가방은 큰 것을 선택했다.

일을 떠나서 세상에 하나밖에 없는 작품인 나를 겉과 속을 향기롭고 건강하게 가꾸는 것은 기본이다. 내가 일을 시작하던 1992년도에는 옷, 구두, 가방, 모든 것이 귀했다. 요즘 같은 시대에는 모든 것이 풍족하고 전문가가 넘치는 시대다.

코디를 못 해도 전문가가 옷가게에 어울리게 잘 코디해놓았다. 선택해서 그대로 입기만 하면 금방 멋쟁이로 변할 수 있다.

너무 조심스러워 같은 스타일만 고집하지 말고 여러 스타일을 과감하게 도전해보아야 한다. 그러다 보면 점점 나를 돋보이게 하는 방법으로 멋있게 연출할 수 있게 된다. 내가 좋아하는 옷 스타일도 있지만 새로운 스타일에 도전하고 싶을 때는 종일 사람들에게 옷 입히는 직업을 가진 그 분야의 전문 매니저한테 도움을 받으면 된다.

옷 판매장에 가서 내가 선택도 하지만 때로는 매니저에게 나에게 제일 잘 어울릴 것 같은 옷을 권해보라고 한다. 과감하고 세련된 스타일로 바뀌게 된다. 덕분에 나는 옷 잘 입는 사람이 되었다. 무슨 일이든 틀에 갇히게 되면 발전은 없다. 그 일을 잘할 수 있는 사람의 힘을 빌려 쓰면 되고 나는 내가 잘하는 일만 잘하면 된다.


'나'라는 상품을 돋보이고 멋있게 만드는 옷 잘 입는 것도 실력이다. 지금 어떤 옷을 입고 있으신가요? 요즘 우리나라에서 편하다는 이유로 가장 많이 입고 다니는 옷이 등산복이다. 잘 때도 입고 친구 만날 때도 입고 등산 갈 때도 입고 해외여행 갈 때도 입는다. 영업하러 출근할 때도 입는다. 거리를 지나다 보면 가장 많이 보이는 옷차림이다.

이런 옷을 입고 있으면 내 속에 아무리 귀한 것이 있더라도 진가를 알아봐줄 수가 없다. 내 속사람을 알아주는 사람을 만나려면 많은 시간이 걸린다. 겉모습부터 바꾸며 열심히 일하다 보면 속사람도 자연히 멋있게 변한다.

다른 사람보다 연봉을 높이고 싶다면 옷차림부터 바꾸려고 노력해야 한다. 홈쇼핑을 보더라고 색깔 맞추는 방법을 배우고 옷을 고를 때는 천을 잘 선택해야 한다. 비싸지 않더라도 천이 좋고 질감이 좋은 것으로 캐시미어가 아니라도 캐시미어 느낌의 짜임새를 가진 울을 선택한다. 관심을 가지고 고르다 보면 잘할 수 있게 된다. 사람들이 명품을 선호하는 이유는 명품은 좋은 옷감을 사용하고 최고의 디자이너들이 밤낮으로 디자인 연구와 공부로 어떻게 하면 사람들을 돋보이게 해줄까? 고민에서 탄생시킨 작품이기 때문일 것이다. 각자의 개성을 표현할 수 있고 척 걸치면 아우라가 달라지니 명품을 좋아하게 된다.

나는 청바지와 티를 즐겨 입던 사람이었다. 처음 일을 시작 하면서 남들에게 좋은 이미지로 기억되고 싶어서 옷차림에 정성을 쏟았다. 출근 전날 반드시 다음날 입을 옷을 일정에 맞춰 색깔 디자인을 고려해 몇 번이고 입었다 벗었다 하면서 내일 입을 옷을 준비해놓고 잠을 잤다. 요즘은 나만의 밴드 '아름다운 품격'을 만들어서 코디가 잘된 옷은 사진을 찍어 올려놓고 바쁠 때 편리하게 사용할 수 있다. 사람들은 나를 보고 아무거나 입어도 어울리고 세련되었다고 한다. 나의 노력을 모르고 하는 말이다. 그냥 하늘에서 뚝 떨어지는 비법은 없다. 필요한 것은 늘 배우려고 한다. 머리로만 뛰는 것이 아니고 몸으로 뛰면서 배우려고 했다. 배울 때와 배우지 않을 때 차이는 크다. 첫인상 3초가 대세를 결정 짓는다고 한다. 첫인상을 좋게 하는 쉽고 빠른 길은 없지만 있다면, 옷차림이라고 생각한다. 조금 더 세련된 모습을 연출하는 방법은 스카프 활용법이다. 스카프 하나로 지적으로 보이며 신뢰감 높이는 방법을 연출할 수 있고 단점도 커버할 수 있어서 좋다.

옷을 잘 입기 위해서 한 번씩 옷장 정리하면서 새로운 코디를 준비해 놓으면 시간도 아낄 수 있다. 사계절이 있는 우리나라는 작년 가을에 입었던 옷을 올해 입으면 새 옷처럼 느껴진다. 워낙 깔끔하게 입었고 고심하며 고른 옷이기에 후배들과 '아나바다'(아껴 쓰고, 나눠 쓰고, 바꿔 쓰고, 다시 쓰기)로 나누기도 한다. 때로는 재미있게 경매로 나누기도 한다.

행운이 넘치는 옷이라면서 경쟁이 치열해지고 처음 구매 금액보다 높은 금액으로 낙찰되기도 했다. 색채가 풍부한 옷차림은 만나는 사람들에게 활기차고 열정적인 모습으로 첫인상에 호감을 느끼도록 한다. 호감이 생기면 마음이 열리고 귀가 열리고 소통이 잘된다.

사람과 만남에서 옷이 가진 힘이 얼마나 중요한지를 말해주는 비유가 많다. '옷 잘 입는 거지는 얻어먹어도 옷 못 입는 거지는 굶는다.'라는 비유를 보더라도 옷차림은 먹고 사는 것에도 큰 영향을 미친다.

누구보다 옷의 중요성을 몸소 경험한 나는 매주 월요일 함께하는 식구들을 위해 아침 교실 전에 패션쇼를 했다. 전사원이 음악에 맞추어 모델이 되어 한껏 멋있는 자태를 뽐내며 걷는다. 다 같이 동참도 하고 점수도 먹인다. 점수를 누계해서 분기별 최고 멋쟁이 베스트드레서 상으로 정장 한 벌씩 시상품으로 선물했다. 오랜 전통으로 이어지고 있는 우리들의 문화로 자리 잡았다.

덕분에 지금은 우리 모두 멋쟁이가 되었다. 나는 늘 조금 더 부지런히 살면서 화장도 하고 옷매무새를 갖추며 살겠다고 마음먹고 실천하며 살고 있다. 어느 장소를 가더라도 대충 부스스하게 가지 않으려 노력한다. 깨끗한 이미지로 살려고 노력하다 보니 그만큼 신뢰감도 빨리 줄 수 있었다. 때로는 발랄하게 때로는 우아하게 옷차림은 나를 잘 표현할 수 있으며 나의 가치도 높여주었다. 준비된 옷차림은 마음까지도 정리되어 진다.

## 05
# 영업 현장에서 살아남는 4가지 원칙

1층 출근, 2층 출동, 3층 판매, 4층 귀소, 4층이고 내가 실천한 4가지 성공원칙이었다.

원칙 1층, 출근은 기본이다. 밤늦은 시간까지 책보고, 영화 보고, 음악 듣고 늦게 일어나던 습관은 10시까지 출근 시간 맞추기가 쉽지 않았다. 매일 지각에다가 아침 교실 시간에 계속 하품이 나왔다. 결단을 내렸다. 나는 8시 30분까지 출근한다! 새벽기도는 일과를 마친 오후로 바꿨다. 음악은 밝고 힘이 나는 곡으로 바꿔 들었다. 책은 소설책에서 자기 계발서로 바꾼다! 등 원칙을 정했다. 8:30분에 출근해서 사무실 청소를 해놓고 신입 사원인 나는 출근하는 식구들을 맞이해주고 필요한 것이 무엇이냐고 물어보면서 차와 책자 등을 나눠주고 챙겨주었다. 처음에는 출근을 매일 하는 것이 힘들었지만 아무런 실력이 없는 나에는 만근을 기본으로 정했다. 정기본 만사리(正基本 萬事理) 기본을 잘 지키면 만사가 풀린다는 생각으로 출근을 기본정신으로 삼고 30년을 보냈다.

원칙 2총은 출동이다. 아침 교실을 마치고 반드시 활동(출동)을 나갔다. 처음에 갈 곳이 없으니 당장 할 수 있는 목표를 해 떨어지기 전 집에 안 들어가기로 정했다. 처음엔 아는 사람 위주로 다녔다. 충청도가 고향이 나는 부산에서 찾아갈 정도로 아는 사람은 5명 정도 되었다. 간절하게 일은 해야 했고 '뜻이 있으면 길이 있다'고 생각되었다.

땅을 정해서 활동하면 되겠다는 생각으로 월요일부터 일요일까지 지역별 땅을 정해서 일했다. 그날에는 반드시 그 땅을 샅샅이 한 집도 빠지지 않고 돌겠다는 각오로 일했다. 아파트는 부동산에 가서 위치도를 구해서 동별로 돌았다. 한번은 계단 타기 전단지 돌리기를 하는데 딩동 벨을 눌렀는데 나오시는 분이 안녕하세요. 했다. 저 아세요? 우리 앞집이잖아요. 너무 열심히 집중해서 돌리다 보니 앞집인 줄도 모르고 일하고 있었다.

고맙게도 그분은 이왕이면 앞집 사람에게 사야지 하면서 큰 고객이 돼주었다.

지역을 다니면서 사원들과 함께 파라솔을 펴놓고 활동하고, 한겨울 사무실 앞에서 판촉을 활동할 때는 한복도 입었다. 그런 모습을 보고 전화번호를 주면서 한 번 오라는 분을 만나러 갔더니 중학교 행정실이었다. 그분은 오랫동안 고객으로 함께 하고 있으면서 학교를 옮길 때마다 소개 고객이 늘어난다. 하고자 하는 성실한 활동은 필요한 사람들과 만남으로 연결되었다. 작은 제품이라도 확실한 효과를 볼 때까지 복용 지도, 사용 방법, 효능 효과까지 최선의 노력으로 관심을 두는 일을 몸으로 습관화시키는 것을 기본으로 지키려고 했다.

만족한 고객은 해마다 열매가 주렁주렁 늘어나며 열리는 과일나무였다. 나는 심은 대로 거둠의 법칙을 믿는다. 내가 심은 씨앗은 반드시 새끼 쳐서 내게로 온다는 것을 경험으로 믿어지게 되었다. 쉽게 말하는 사람도 있다. 활동해도 안 되네! 언제 판매로 이어지겠노? 한숨을 쉬지만, 반드시 열매가 열리는 활동(출동은) 정직하다. 필요한 사람을 만나게 되어있다. 사무실 안에는 고객이 없다. 밖으로 나가자 무조건 만나야 한다. 나가자!

땅을 정해서 음식점이 많은 산속을 활동했다. 그분들은 바쁘니까 제품 사러 다닐 시간적 여유가 없다는 걸 알고 천 원짜리 눈썹 수정 칼을 사서 눈썹도 정리해주고 점심시간이 지난 한가한 오후 시간에는 바지 빌려서 바꿔 입고 가스레인지에 물을 올려서 수건을 끓이면서 쭉 눕혀 놓고 마사지를 해주었다. 하루 8명씩 마사지를 정성껏 해주었다. 마사지를 배워

본 적도 없고 도구도 없지만, 클렌징을 깨끗이 해준 다음 따뜻한 수건으로 닦아내고 영양성분이 가장 많은 크림으로 마사지한 다음 영양 크림을 듬뿍 바른 다음 랩을 살짝 덥고 따뜻한 수건으로 온열해주었다. 각질이 제거되고 영양공급을 한 피부는 윤기가 흘렀다. 누군가에게 필요한 것이 무엇인지 고민하고 실천할 기회가 주어진 것에 감사하고 힘이 났다. 만나주는 사람이 있다는 것만으로도 행복하고 감사했다. 지금 생각해도 어디서 그런 용기와 지혜가 생겼는지 기특하고 입가에 미소가 지어진다.

아무리 세상이 바뀌었어도 내가 어떻게 생각하고 실천하느냐에 따라서 이루고자 하는 꿈은 이뤄 갈 수 있다. 반드시 활동(출동)은 지금도 지켜가고 있는 살아남을 수 있는 원칙이다.

출동 없는 고객은 없다. 걸어가든, 뛰어가든, 맘대로 하고 우선 가서 만나자! 돌아가는 길에 한 사람 더 만나자! 바로 그분이 고객이 된다!

원칙 3층은 판매다. 판매를 잘하기 위해서는 잘 줘야 한다. 마음으로 선물로, 지식으로, 될 수 있으면 많이 주면 줄수록 좋다. 줘서 손해 가는 일은 없다고 생각했다. 하지만, 주기는 쉽지 않았다.

신입 사원이 들어오면 활동을 같이 나갔다. 어떤 사람은 개척 나가는 첫날 제품이 판매되고 어떤 사람은 몇 번을 같이 가도 판매가 일어나지 않았다. 나중에 알게 되었다. 그동안 살면서 베풀고 나누는 심는 삶을 살았느냐? 아니냐의 차이라는 것을 알게 되었다. 조심히 말했다. "이제부

110    영업에서 내가 알게 된 것들

터 열심히 나누며 살 기회가 왔어요. 그동안 살면서 나누지 않으셨네요."

대부분 이렇게 답한다. "그렇죠. 먹고 산다고 남을 돌아볼 여유를 갖지 못했습니다." "이제부터 돈도 벌면서 많이 주면서 살 기회가 왔어요." 보통은 주면서 살자고 하면 "돈이 없는데요." 돈만 생각한다. 마음의 여유가 없으면 준다는 것은 쉽지 않다. 우리가 전달하는 작은 샘플, 홍보지와 책자, 명함은 누군가에겐 귀한 정보이고 생명의 은인이 되고 가치전달이 된다.

인생이 바뀌는 사람도 있다. 이런 경험을 많이 하고 있다. 삼일 금식 후 내 발로 들어와 일하게 되었다. 누군가에 의해서 이 자리에 오게 되었다면 평생의 은인으로 생각하고 모셨을 것이다. 돈 들지 않는 칭찬도, 웃음도 주는 것에 인색하면 줄 수 없다. 장점을 볼 줄 알고 찾아내서 맘껏 칭찬할 수 있다는 건 대단한 일이다. 듣는 사람을 살리는 일이다.

나는 줄 수 있어서 좋다. 미워하면 미움 받게 되고 손뼉 쳐주면 박수 받게 되고 사랑하면 사랑받게 된다. 줄 수 있는 뭐든지 주면 된다. 그러면 판매는 따라온다. 더 많이 판매하고 싶으면 더 많이 주면 된다. '하늘은 스스로 돕는 자를 돕는다.' 전지전능한 하나님도 스스로 많이 도와주는 사람을 도와준다고 이렇게 약속했다.

판매는 내가 목표한 만큼 되는 것이다. 누가 뭐라고 하지도 않는데 목표를 크게 잡지 못하는 이유는 정해놓고 안 되면 어쩌지? 하는 두려움 때문일 것이다. 나는 판매 금액을 처음엔 하루 10만 원, 다음엔 20만 원, 50만 원으로 금액을 늘려나갔다. 경험의 자신감으로 모든 부분의 목표가 커지고 있다. 착한 사람이든 덜 착한 사람이든 돈을 비롯하여 모든 것은 그릇만큼 담긴다고 생각한다. 그래서 그릇을 키워 주는 목표는 크게 잡는 것이 좋다. 목표가 커야 문제가 왔을 때도 목표가 보인다. 목표가 문제보다 작으면 문제에 가려져서 쉽게 잊어버리고 포기하게 된다. 지금 눈에 보이는 내 모습은 지난날 내가 목표했던 모습이다. 지금 생각하는 목표는 내일의 내 모습이다. 목표는 중요하다. 나를 지탱해주는 힘의 원동력이다. 목표를 이루는 방법은 작게 쪼개면 쉽다.

원칙 4층은 귀소이다. 귀소는 할수록 연봉이 높아진다.

활동을 마치고 집으로 바로 가면 해도 해도 끝이 없는 집안일이 눈에 보이니 해야 하고 밥 먹고 나면 잠이 오고 잠이 오면 자야 한다. 정리할 시간이 없다. 그렇게 하루 이틀 지나다 보면 시간에 쫓기고 자꾸 일의 부채가 늘어난다.

그래서 나는 반드시 귀소했다. 여름에는 다음날 사무실에서 먹을 간식거리 수박을 사서 귀소했다. 냉장고에 넣어놓았다가 다음 날 먹으면 시원하게 먹을 수 있으니 좋았다. 저녁때의 시장은 떡, 과일, 뭐든지 떨이로 싸게 살 수 있으니 적은 돈으로 여러 식구가 넉넉하게 먹을 수 있어서 좋았다. 그날 받은 수금도 가지고 있으면 적은 돈이라고 쉽게 써버리게 된다. 나중에 어디에 썼는지 기억도 안 난다. 그날 받은 돈은 그날 꼭 입금한다. 돈의 이름 구분을 위해 수금 봉투는 분리되어야 한다. 공급과 내 돈 구분이 되어야 부자가 되는 초석이 된다. 너무 중요하다.

활동하면서 받았던 명함, 전화번호, 설문지 등은 고객 카드와 설문지 노트에 기록하고, 내일 만날 고객들과 약속도 확인하고 제품도 미리 챙겨 놓고 일할 것을 준비해놓고 퇴근한다.

반복이 대가를 만들고 평범한 사람을 비범한 사람으로 만들어주는 반드시 지켜야 하는 4가지 성공원칙이다. 빠르게 많이 팔고 싶은 마음에서 원칙을 우습게 생각하고 실천하지 않으면 날마다 갈 곳이 없어 갈등하게 된다. 늦는 것 같고 돌아가는 것 같아서 우습게 무시하면 안 된다. 바쁘게 일하다 보니 1년, 10년 금방 지나갔다.

4가지 원칙을 기본으로 꾸준히 실천한 사람들은 아무리 시간이 흘러도 흔들림이 적고 안정감이 있게 된다. 순간순간 보람과 힘든 날도 있었지만 지난 시간을 돌아보니 파도 파도 나오는 샘물이 4층이고 써도 써도 마르지 않는 샘 근원이 4층이었다.

## 06
# 고객은 가장 가까운 곳에 있다

영업은 삶이기에 삶을 즐겨야 하듯이 영업도 멀리 보고 즐길 수 있어야 행복하게 오래 잘 할 수 있다. 사람은 만나서 밥 먹고 자주 볼수록 정이 들고 할 말도 많다.

사람과 만남도 내가 가깝게 생각하면 가까운 사람이 되고 내가 거리를 두면 멀어져가는 것이다. 모든 것은 마음먹기에 달려 있다.

내가 있는 자리, 가는 곳, 언제나 어디나 고객이 있는 황금어장이라고 생각하는 나는 즐거운 마음으로 어디든 가고 누구든 만났다. 사랑하면 사랑하는 마음이 더 커지는 것이다.

나는 첫 번째 고객이고, 가족은 두 번째 고객이다. 좋은 것은 가장 사랑하고 가까운 사람에게 주고 싶은 것이 인지상정이다. 이런 마음의 기본은 좋은 제품이어야 하고 필요한 제품이어야 한다. 바늘이 아무리 좋아도 잘 판매되지 않은 것은 필요성을 못 느끼고, 필요 없는 제품은 비싼 것이다. 나부터 입에 넣고 내 얼굴에 바른다는 것은 제품의 우수성에 대한 확신과 믿음이 우선 되어야 했고 그다음 가족에게 전달되었다. 제품을 먹어보고 발라보고 느껴보는 것을 기본으로 했다.

제품의 성분과 효능의 공부는 자신감과 당당함으로 나타나게 되므로 너무 나의 경험은 중요하다. 수십 년 동안 내가 고생했던 십이지장궤양, 속 쓰림, 변비 해결, 고등어, 돼지고기, 액세서리, 옷감, 등의 두드러기와 알레르기가 없어진 나의 해결된 체험사례를 기본으로 깔고 고객을 만났다. '백 번 듣는 것보다는 한 번의 체험이 중요하다.' 비용 투자는 더 되더라도 설명한 뒤 반드시 작은 제품이라도 먹여주고 발라주었다. 한사람부터 제대로 알리고 만족시켜나가는 것을 원칙으로 했다.

땅을 정해서 신규 고객을 발굴하고 만족한 고객에게서는 소개 판매가 반드시 연결된다. 소개가 진짜 판매이다. 소개가 나올 수 있을 만큼 만족시켜야 한다. 그 지역의 담당자라는 긍지와 자부심을 확실히 심어주며 언제든지 필요할 때 달려간다는 성실과 신뢰를 심는 데 주력했다. 그때부터는 마음으로 연결되는 만남이 이어져갔다. 진심으로 다가서는 나에게 사람들은 마음의 문을 열었다.

등잔 밑이 어둡다는 말이 있다. 가까운 곳에 고객이 있는데 멀리서 헤매는 사람도 있다.

회사를 중심으로 가까운 곳에서부터 활동하면 여러모로 유리한 점이 많다. 필요한 제품이 사무실에 다 있으니 고객이 원하는 즉시 갖다 줄 수 있어서 좋고 하루에도 몇 번씩 사무실을 들락날락할 수 있는 만큼 일이 잘되었다. 사무실 가까운 곳에서부터 일하면 길에서 보내는 시간만큼 더 벌 수 있어 유리하고 경제적으로도 많은 절약이 된다. 나는 늘 사무실 근처에서 살았다. 덤으로 따라오는 것은 주위 발전을 직접 보면서 알 수 있으니 일해서 모은 질긴 종자돈을 투자해놓고 열심히 일에 집중하고 있으니 세월이 지난 후에 보면 일도 잘 성장되어가고 투자해놓은 자산도 불어나 있었다. 도랑 치고 가재 잡고 마당 쓸고 돈 줍고 할 수 있는 대리점 가까운 곳에서부터 일을 시작한다. 오늘 만나는 사람이 고객이 된다.

'멀리 있는 친척보다 가까운 이웃사촌이 낫다.'라는 말처럼 매일 만나서 웃고, 떠들며, 일하며, 부딪치는 상사, 동료, 사원들이 매일 만나다 보니 친형제 자매처럼 가깝게 느껴지기도 하며 서로에게 힘이 되기도 하고 도움이 되기도 했다. 한 사람 한 사람이 귀한 고객이기에 잘 지내면서 서로 격려하고 함께 배우며 성장하도록 도와줄 수 있는 오늘 만나는 사람이 가장 가까운 사람이고 고객이다. 지금 내 옆에 있는 사람이 가장 소중한 사람이다. 당장 이 사람에게 제품판매가 안 된다고 쉽게 포기하거나 함부로 단정 지어서는 안 된다. 내가 심은 씨는 10배, 100배 새끼 쳐서 반드시 내게 온다.

오늘 만난 사람에게 마음으로 정성을 다하는 것이 생활화되다 보면 자기가 형편이 안 되면 반드시 소개라도 시켜주고 싶어 하는 것이 사람 마음이었다. 고객이 거절하는 이유는 지금 제품의 필요성을 못 느낀다든지, 제품을 아직 모르던지, 경제적으로 여유가 없든지 여러 가지 이유가 있다. 나를 무시해서 구매하지 않는다고 우리는 단정 또는 오해한다. 그런 마음이 있다 보면 얼굴이 어두워지고 밖으로 표시가 나게 된다.

그러다 보면 만나는 사람들과 거리가 생기고 부담감은 좋은 결과로 연결될 수 없다. 금방 느낌이 전달되기 때문이다. '언제나 여유를 가지고 그럴 수도 있다. 나의 설명이 부족했구나! 다음에 더 공부해서 전해야지.' 웃으면서 나오면 다음에 기회는 반드시 오게 되어 있다. 열심히 일하다 보면 운명적으로 꼭 필요한 사람은 만나게 되어 있고 하늘에서도 돕고 뒷골 야시도 도와주는 것이 나의 경험에서 나온 위대한 거절 회복 탄력성이다.


오늘 내가 가는 장소에서 만나는 사람들이 내 고객이 된다. 길을 가다가 만난 사람, 모임에서 만나는 사람, 취미 활동, 병원, 학부모, 지인, 종교 활동, 동창, 계모임. 모두가 나하고 가까운 사람이 된다. 자연스럽고 부드럽게 내 모습과 일을 알리는 성실을 습관화하면 된다. 그 사람 뒤에는 최소한 친구 세 명은 있다. 당연히 소개도 받을 수 있다.

일을 연애하듯이 한다! 자꾸 선물을 주고 내가 먼저 연락한다! 비 온다고 연락하고, 덥다고 안부 전하고 날씨 좋다고 연락한다. 만나고, 전화하고 카톡, 문자로 안부를 묻다 보면 더욱 가까워지게 된다. 자주 만날수록 정 드는 것이 사람과 사람의 관계이다. 결혼도 가까이 자주 만나는 사람과 정 들고 결혼하는 것을 보면 알 수 있다. 누구든지 나와 수시로 직접 만나든 전화로 만나든 카톡, 문자, DM으로 만나든 자주 많이 만나는 것이 양 속에 질이 나오는 답이다. 오늘 만나는 사람이 가장 가까이 있는 사람인 것이다.

하루에 만날 수 있는 사람은 수백 명, 수천 명이 될 수 있다. 어떤 시스템으로 만날 것인지는 내가 정하면 된다. 예를 들면 문자로 만나는 사람 100명, 카톡으로 만나는 사람 100명, 직접 얼굴을 보고 만나는 사람 5명, 하루 205명 만나는 것이고 일주일 5일 곱하면 1,025명 이 되고 1,025명 곱하기 4주 한 달 4,100명이 된다. 처음 시작은 미약하지만, 나중은 창대해지는 방법이다. 1년에 84,300번을 만나는 것이고 5년, 10년 후에는 어마어마한 숫자의 인맥이 형성되었다. 태산도 티끌이 모여 시작되었고 면도 점이 모여 되었듯이 누가 얼마나 성실히 지속해서 행동하느냐에 따라서 결과는 크게 달라진다.

이 세상엔 많은 직업이 있지만 나를 사랑하고 남을 이롭게 하는 직업이 그렇게 많지 않다.

서로를 이롭게 해주는 일, 내가 하는 유니베라 일을 잘하고 싶었다. 그래서 많이 팔고 적게 남기는 박리다매의 방법으로 많이 팔았다. 신제품이 출시되면 체험단을 발족하여 체험시켜주고 널리 알리는 데 맘껏 투자하고 나누었다. 사람들은 쉽게 말한다. 뭐가 남는다고 밥 사주고 차 사주고 샘플 사주느냐고 말하며 밥 먹고 다니라고 말해준다.

얼핏 듣기에 위로되는 쉬고 싶은 달콤한 말이다. 고맙고 맞는 말이기도 하다. 하지만 내가 제대로 해내지 못했을 때 그 누구도 책임져주지 않는다. 책임은 내가 지는 것이다.

때로는 열심히 한다고 해도 되지 않을 때도 있다. 무슨 일을 하더라도 위대해지는 것이 좋지만 안 될 때는 참되어라. 바르거라 가르침을 알기에 참되게 하려고 했고 참되게 사는 것이 어려울 때는 아름답게 살려고 노력했다. 어떻게든 나를 설득하며 살아야 했다.

삶도 일도 리듬을 잘 타야 한다는 걸 알게 되었다. 윈드서핑 하는 사람 중에 보통은 파도에 휩쓸려 빠지지만 큰 파도 속에서도 살아남는 사람이 있다. 파도를 잘 타기 때문이다. 바다에 거센 파도에도 살아남는 배는 파도의 리듬을 탔기에 살아남는 것이다. 발등에 불 떨어진 다음 하는 것은 리듬이 없는 것이다. 파도에 저항하면 파도를 이길 수 없다. 일도 고객도 사원도 모든 일이 그렇다. 처음 일하는 사람은 눈높이를 낮춰야 한다. 나는 시간이 있을 때 농사를 짓는다. 상추를 심었다고 금방 상추가 나는 것이 아니다. 공기도 필요하고 물도 필요하고 햇빛, 거름도 필요하다.

내가 하는 일이 너무 훌륭하고 가치 있고 중요한 일이다. 가치를 가격이라는 열매 맺으려면 여러 가지 조건이 필요한 것이다. 그걸 모르고 욕심과 마음만 앞서면 내 팔자 와 이렇노? 한탄하게 된다. 그때부터 사람들이 나를 싫어하는 것 같은 한탄과 갈등으로 허송세월하게 된다.


먼저 일의 중요성을 알아야 한다. 돈이 주머니나 통장에 있으면 자산이 된다. 아프면 유산이 된다. 육체가 건강하지 않으면 정신이 건강할 수 없다. 건강은 너무나 중요하다. 육체의 동물적 기능 하나하나가 건강한 정신을 인도하게 되는 것이다. 고대 로마의 시인이었던 데키무스 유니우스 유웨날리스(55년~140년)의 말처럼 '건강한 육체 속에 건강한 정신이 깃든다.' 고객을 만드는 것은 '나'라는 사람의 가치를 알리는 종을 치는 것과 같다. 종소리가 얼마나 멀리까지 갈 수 있느냐는 내게 달려있다. 가장 멀고도 한없이 가까울 수 있는 것이 사람 마음을 얻는 것이다. 나는 사람의 마음을 얻기 위해 어떤 실천으로 종을 치고 있는가? 불편함은 없는지 개선할 것은 없는지 늘 생각한다.

# 07
# 위로받는 순간 공든 탑은 무너진다

내가 힘들다고 생각하는 순간 행복도 리더십도 사라진다. 그 순간부터
는 끌려가는 사람이 된다. 남이 시켜서 따라가는 것은 힘들다. 무슨 일이
든 주도적으로 내가 먼저 찾아서 하고 이끌어가는 것이 쉽다.

일이 공평하다는 것은 좀 더 잘 할 수 있는 사람은 좀 더 많이 하고 부
족한 사람은 짐을 던다. 그걸 모르면 아홉 번 잘하고 한 번 생색내는 순
간 원위치가 된다. 내 삶이고 내 일인데 그 순간 남의 삶이 된다. 그렇게
되면 아홉 번 한 사람은 본인이 한 일이 있기에 더 섭섭해지고 그렇게 서
로의 신뢰는 무너지게 되어 있다. 어떤 상황에서도, 무슨 일이어도, 내가

더 많이 하는 것이 당연하다고 결정해놓고 생색내지 않는 순간부터 그곳에는 경쟁자가 없다. 경쟁에서 이기는 쉬운 방법이다.

현장에서 팀장으로 일할 때 목표가 3천만 원이면 목표의 3분의 2에 해당하는 2천만 원은 내가 하고 3분의 1에 해당하는 천만 원은 조직원들이 할 수 있도록 쪼개서 나누면 쉽게 이뤄낼 수 있다. 그러면 성취감도 생기고 일을 많이 했을 때 제일 좋은 사람은 많이 일 한 '나'다. 힘든 것 같은 그 짐이 나를 성장시켜주었고 갈등할 시간이 없게 만들어주었다. 누구든지 그것을 깨닫는다면 어떤 일을 하든지 앞서갈 수 있다. 일하면서 책임자가 목표, 교육, 진행, 어떤 업무를 주어도 나는 늘 예스!였다. 어떤 책임자라 할지라도 조직원들과 함께 잘살기 원하고 길을 열어주기 위해 말할 것이다. 잘못되기 위해서 하는 책임자는 자는 없다. 그걸 아는 나는 무조건 예쓰!였다.

보이지 않는 구석구석 청소하는 일, 간식 준비하는 일, 교육하는 일, 굳 뉴스 전하는 일, 동행 개척, 모두가 나를 성장시키기 위한 연습이고 발판이 되었다. 안타까운 것은 잘할 거면서 일단 못한다고 거절부터 하면서 그런 거 시키면 출근 안 한다는 사람이 있다. 그게 바로 생색이다. 다소 부족해서 긴장되고 떨려도 생색내지 않고 최선을 다하는 사람은 시간이 가면 갈수록 실력자가 되게 되어 우뚝 설 수 있게 된다. 다른 사람이 따라올 수 없는 자리에 올라가 있게 된다.

이만큼 했으니 나를 알아주시오! 입만 열었다 하면 출근했다고 생색내고 매출했다고 생색내고 피곤하다고, 아프다고, 엄살 부리는 만큼 그 마음 그 행동 그 지점 거기까지만 갈 수 있다. 사람은 누구나 마음먹은 만큼 갈 수 있다. 가야 할 곳을 알고 갈 길이 있고 꿈이 있는 사람은 누가 안 알아주어도 중요하지 않다. 그런 일에 맘 상해서 시간 낭비하지 않는다. 내가 생각하는 진정한 위로는 꿈을 이루고 내가 만족할 위치까지 서는 것이 진정으로 해결된 위로라고 생각했다. 나는 힘들면 솔직하게 말하면 된다.

'나 오늘 이만큼 힘들어 차 한 잔 사주세요.' 내 기분을 상대에게 알리는 거다. 그것이 정직임을 알기에 누구에게도 생색내지 않았다. 결론을 알면 불필요한 에너지 소비로 아까운 시간을 낭비하는 것은 어리석은 일이다. 내가 잘할 수 있는 것은 나와 함께하는 사람들이 있기에 가능하다는 고마움을 모르고 있기 때문이다. 대추 한 알이 열리더라도 공기, 물, 거름, 햇빛, 시간, 여러 가지 조건들이 필요하듯이 한 사람의 사원이 커가는 데에도 혼자 되는 독불장군은 없다. 이런 사실을 알기에 나는 함께해주는 상사, 동료, 식구들이 고마웠다. 조직이든 가족이든 모든 관계가 그렇다. 각자가 노력하는 것이다. 노력해주는 만큼 고맙게 생각하면 되는 것이다. 내가 항상 더 많이 한 것처럼 내가 더 힘든 것처럼 생색을 내다보면 섭섭한 불화는 계속될 것이다. 내가 좀 더 하겠다는 마음은 나에게도 나와 함께하는 사람들에게도 안정감과 믿음이 생기니 성과도 만족감도 당연히 높아진다. 나는 이러한 선순환으로 흐름을 바꾸는 깃발을 들려고 노력했다.

굴곡이 없는 삶도 일도 없을 것이다. 앞앞이 내어놓으면 문제없는 인생이 어디 있겠는가? 꺼내놓는다고 해결된다면 매일 꺼내놓지만 해결되지 않는다. 이럴 때 어떤 결단을 내리느냐에 따라 고귀해질 수도 있고 하찮은 사람이 될 수도 있다.

무엇이든 배우려면 돈을 지급해야 하지만 나에게 승진의 의미는 궁극적인 나 자신을 찾아가는 희망의 길이었다. 경영을 공짜로 배우면서 돈도 버는 일이었다.

얼마나 행복한 기회였던지 나의 전략은 최단기 단숨에 승진하기였다. 거기에 맞는 만남과 투자가 전술되어 과장, 부장, 국장 오로지 그것만 생각하고 올인했다. 그 과정에서 참 나를 발견하고 이해하며 알게 되었다. 지금까지의 모든 상처는 이겨내어 발판으로 삼고 멋진 미래를 만들어 가기로 마음먹었다.

시시하고 상투적인 위로는 필요치 않았다. 나는 자유로운 내 삶을 살고 싶었으니까 순간순간이 행복했다. 누리면서 살아가는 방법이 터득되었다. 항상 행복하기를 바라는 것은 일 년 열두 달 내내 맑은 날만 기대하는 것과 같다. 비도 오고 바람도 불어야 곡식이 잘 익어 풍년이 들 듯이 과정과 과정이 내가 익어 가는 기쁨이라는 걸 알게 되었다.

그렇게 열심히 일하는데 회사에 어려움이 순식간에 생겼다. 나도 다시 시작해야 하는 어려운 일이었다. 사장님은 너무 힘들어 어찌할 줄 몰랐다. 나는 조용하지만, 힘 있게 '사장님 제가 열심히 할게요. 힘내세요.' 그날부터 더 열심히 활동했고 사원들도 잘 챙겼다. 오로지 일과 사원만 생각하며 집중했다. 그런 일들은 결국 남을 위한 것 같지만 시간이 지난 후 뒤돌아보니 모든 일이 내가 좋아지는 시간이었다.

굴곡이 없는 삶도 일도 없을 것이다. 나 역시 그랬다. 내가 일하던 대리점은 여러 번 굴곡이 많았다. 내가 처음에 일을 시작한 곳은 남양 알로에(현 유니베라)였다. 아침부터 밤늦게까지 열심히 일하던 어느 날 사장님은 다른 회사로 바꾸었다. 한 사람을 몇 번만 만나면 판매되던 제품이 있었는데 신생 회사 제품을 들고 가면 회사 설명부터 제품까지 수백 배의 노력과 만남이 있어야 판매가 하나 이루어졌다. 그렇게 몇 년을 해서 겨우 자리를 잡으려고 하는데 또 다른 업종으로 바꾸었다. 그렇게 되면서 견디지 못한 사람들은 다른 데로 가버리고 그만두었다. 나와 내 직계 식구들만 남았고 수백 명이던 사원이 줄어들면서 회사는 위기에 처해서 작은 곳으로 이사하게 되었다. 그때에도 나는 힘을 내었다. 내 직계가 아니더라도 대리점 식구들에게 양말 하나, 속옷 하나라도 똑같이 사주면서 전체를 아우르면서 이끌어갔다. 힘이 빠져 있는 상사에게는 "힘내세요. 내가 더 열심히 할게요." 위로하면서 일에 매진하였다.

위기 당시에 나는 늦은 35세의 나이에 첫 임신으로 36세 만삭이었다. 내가 없으면 회사가 잘못되는 줄 알고 아이를 출산 후 일주일 만에 교회 집사님께 아기를 부탁하여 맡기고 출근했다. 경험해보신 분들은 알 듯이 출산보다 더 아픈 젖몸살로 참을 수 없는 아픔과 고통을 이기며 화장실에서 불어난 젖을 짜내며 출근해서 사원들을 챙겼다. 누구에게도 그런 사실을 말하지 않았다. 생각해보면 남을 위해 한 일이었는데 지금 생각해보니 모든 공은 이자까지 붙어서 내게로 왔다. 그 당시 어떤 판단을 했느냐에 따라서 나의 미래는 달라져 있다. 위로받고 싶은 선택을 했더라면 지금쯤 나는 무얼 하고 있을까?

아직도 미성숙한 어른으로 남에게 기대고 원망하면서 시간을 보내고 있지는 않을까?

내 속에 있는 행복한 부자 되기가 '나'이다. 내 속에서 나오는 것들이 나와서 내가 된다. 나를 사랑하기에 이웃을 이롭게 하는 일, 건강과 아름다운 사랑을 전파하는 일을 사랑한다.

세월이 아무리 흘러도 지속해서 실천하고 있는 일은 사원들의 일정 부분의 소득을 저축하게 하고 목돈을 만들어 모은 돈으로 투자하고 싶은 곳에 투자하도록 했다. 때론 강제로 하기도 한다. 돈에는 발이 달려서 자꾸 묶어두어야 한다는 것이 내 지론이다.

집을 살 수 있도록 도와준 사람에게 생색낼 수 있고 승진해서 소득이 높아지게 도와준 것을 생색낼 수도 있다. 그렇게 하지 않는 것은 당연히 내가 해야 하는 일이기 때문이다.

   날마다 열정적으로 일에 집중하고 달리다 보니 많은 리더를 키워내고 있다. 내가 여기에 있는 당연, 필연, 절대의 이유를 알기에 생색내지 않는다. 30년이 지난 지금 이 만큼 했으니 하는 위로 받으며 안주하고 싶은 마음도 있을 수 있지만, 그 순간 섭섭병이 생기게 된다. 섭섭병은 행복을 빼앗아 간다는 걸 잘 알기에 그럴 때일수록 더욱 일과 사람에게 다가서서 함께한다. 일하다 보면 어느새 문제는 해결되어 있다.

## 08
# 샅샅이 초토화시켜라

모든 일은 '나'부터 시작된다. 내가 예쁘게 보면 상대방도 나를 예쁘게
본다. 나는 눈에 보이는 것보다는 마음으로 보려고 애썼다. 그러기 위해
서는 공부가 필요했고, 그 공부는 꼬리에 꼬리를 무는 방법으로 날마다
조금씩 나를 성장시켰다. 작은 것이 큰 것이고 작은 차이가 큰 차이를 만
든다는 것을 알기에 누구든지 장점을 먼저 보려고 했다. 그즈음 내 인생
에서 가장 많은 사람을 만나게 되었다. 많은 부딪침으로 나를 겸손하고
성실한 사람으로 만드는 길이 되었다.

매일 대리점 밑에서 좌판을 펴고 제품을 진열해놓고 홍보 활동을 했

다. 불특정 다수의 많은 사람을 만날 수 있었다. 그중에서 관심을 두는 사람은 사무실로 함께 올라가 차를 마시면서 제품 이야기, 건강 이야기, 일 이야기를 하며 판매도 하고 증원도 했다. 혼자 시작한 작은 일은 대리점에도 나에게도 큰 역사를 만들어 내는 초석이 되었다.

대리점 앞에는 노점상이 많은 시장이 있었고 근처에는 주공아파트와 일반 아파트, 예쁜 2층 단독주택으로 형성된 지역이었다. 내가 서 있는 곳 대리점을 기점으로 시작해서 상가, 주택, 아파트는 동별 지도를 가지고 한 집도 빠짐없이 샅샅이 초토화시키겠다는 전술과 각오로 활동했다. 그 결과는 생각지도 못할 정도로 대단한 결과가 나타나기 시작했다. 입소문이 퍼지면서 대리점에는 젊고 예쁜 사람들이 몰려들었다. 앉을 자리가 없었다. 아이들도 많이 왔다. 거기에 맞추어 놀이방 비용을 지원해주며 놀이방으로 보냈다.


한집도 빠지지 않고 초토화 작전의 활동으로 몰려드는 신입 사원을 위해 신입 교육반을 개설하여 이론적인 제품교육의 초토화를 시작하였다. 다음 방법으로 먹여주는 체험, 발라주는 체험으로 제품에 대해 완벽하게 파고드는 초토화 공부를 했다. 50평의 대리점 칸막이를 없애도 사무실 안은 자리가 부족했다. 아침마다 자리 쟁탈전으로 가방을 먼저 던져놓고 자리를 잡는 식이었고, 아침이면 자리다툼으로 아수라장이 되었다. 저절로 활기가 넘쳐났다.

출근해서 교육받는 사람에게는 출근비 지원 제도를 만들어서 일을 가르쳤다. 빨간 여행용 가방에 화장품 오십만 원이면 가방을 가득 채울 수 있었고 사업 밑천 만들기가 시작되었다. 한 가방 가득 채워 활동하면 하루 만에 가방을 비우며 판매하고 다음 날 또 채워 가는 방법으로 일했다. 교육을 마치고 본격적으로 일하려는 사람 중에서 꿈이 있고 이루고 싶은 사람들은 신청 받아 '빨간 부대'라는 판촉 활동 시작의 결과로 나는 백 명이 넘는 고객과 사원을 얻었고 큰 성과를 이룰 수 있었다.

그 경험을 발판으로 지역을 분석하고 땅을 정하여 한집도 빠짐없이 샅샅이 초토화 활동하는 시스템을 정착시켰다. 일상이 기적이었다. 시장통 길가에서 작은 고무통에 꽃을 놓고 파는 나이가 약간은 들어 보이는 아가씨가 있었다. 아~ 저 정도의 일을 할 수 있는 사람이라면 나와 함께 일하면 잘하겠다고 생각되었다. 같이 일하자고 권유 입사를 시켰다.

착하고 성실하고 배짱도 있는 사람이었다. 본인도 모르고 있던 장점을 내가 발굴해준 것이다. 나중에는 크게 성장하였다.

전업주부, 야쿠르트 배달하던 사람, 도우미 하던 사람, 영어 강사, 간호사는 세 명이나 입사했다. 그 후로 내 생각대로 그들은 큰 실력으로 많은 사람을 이끌어가는 리더로 성장해갔다. 엄마로의 역할도 도전적으로 아이들의 길을 열어주는 행복한 부자들이 되어 갔다. 도전하고 싶은 사람들을 신청 받아 빨간 부대라는 '성공반'도 만들어 좀 더 깊이 있는 제품, 병태생리, 영업, 경영 등을 공부했고 리더로 세워졌다. 내 이익보다는 서로에게 도움 되는 방법을 실천에서 오는 결과였다.

우리 조직구성원은 나이가 20대에서 80대까지 다양했고 학벌과 배운 정도도 다양했다. 그러나 모두가 하나라는 정신으로 새롭게 배우고 익히기에 마음을 모았다. 교육을 마치고 나면 사각모를 쓰고 그동안의 과정을 정리하면서 건강과 아름다움을 전달하는 전문가로서 임명장 수여식을 했다. 이후로 '성공 사관학교' 교육 프로그램으로 거듭나는 교육 프로그램은 나처럼 꿈이 무엇인지 모르고 살고 있었던 많은 여성들이 꿈과 희망을 찾는 기회가 되었다.

지금도 성공 시스템으로 많은 여성이 자신의 가치를 찾아가고 있다. 요즘은 많이 달라졌지만 나와 같은 시대를 살던 주부 대부분은 자신이 무엇을 원하는지 어떻게 살고 싶은지 무엇을 좋아하는지 도전할 경험이 적이었기에 모르고 살고 있었다.

동기부여를 위해서 해마다 년 초 시무식에서는 이루고 싶은 꿈, 집 사기, 차 사기, 연봉 일억 되기, 10억 만들기 자녀 대학 보내기, 책 읽기, 살을 빼기 등 이루고 싶고 해내고 싶은 일들을 동료들 앞에서 자신의 꿈으로 발표하며 스스로 다짐하는 시간을 보냈다. 언제나 한결같은 마음은 일자리 창출이 가장 큰 봉사라고 생각한다.

마음의 중요성이 뭔지 잠재의식이 무엇인지 모르던 우리는 긍정의 에너지가 퍼져나가 전염되면서 평소에 모르고 있던 감춰져 있던 능력들이 날마다 신기록을 세웠다.

빨간 부대의 샅샅이 초토화 전술은 대단한 힘을 발휘하여 날마다 사람들이 줄을 이어 오고 매출과 소득이 뛰었다. 그 지역에서 우리 대리점에 한 번쯤 와보지 못한 사람이 없을 정도였고 제품도 안 써본 사람이 없을 정도였다. 나중에 있었던 뒷소문을 들어보니 너무나 열정적으로 멋을 부리고 일하던 '나'를 구경하러 왔다가 정착된 사람도 있었다고 한다. 우리들의 활동력은 힘이 되어 현실로 나타나게 된 것이다.

사람은 누구나 본능적으로 주인공이 되고 싶고 인정받고 싶어 한다. 아무 일도 안 시키고 편히 있게 놔두면 좋아할 것 같지만 그렇지 않다. 뭔가 나에게 맡겨진 일이 있을 때 뿌듯해지고 당당해지는 것이 사람 마음이다. 일하든 하지 않던 모든 조직원 각자에게 맞는 일을 책임지게 했다. 전체 책임자, 매출 담당자, 증원 담당자, 환경, 교육, 이벤트, 영양 등 화분에 물 주는 일까지 담당자를 세워 일을 주었다. 사람이 전부고 사람이 모든 것이라고 생각한 나는 성향에 맞추어 모든 일에 주인의식을 불어 넣은 것이다. 일은 어떤 것보다 재미있는 놀이이다!

나는 출근길이 설레고 흥분되었다. 오늘은 사람들에게 무엇을 주면 행복해할까? 생각했다. 날마다 분위기를 축제처럼 만들었다. 고등어조림을 한 솥씩 해서 따뜻한 밥으로 대접하고 김치를 매일 담았다. 먹거리가 넘치게 했고 이벤트가 날마다 진행되었다. 월급날에는 우수사원, 여왕상 시상, 봄이면 봄꽃축제를 열어 꽃을 나눠주었다.

딸기 축제에는 딸기밭을 찾아가서 엄청난 딸기를 사서 나누면서 초청 축제를 하고, 여름에는 수박 축제, 경호강 래프팅, 지리산 바비큐 파티, 가을 전어 축제, 국화꽃 축제 여행 시상, 제주도 일본, 필리핀 팔라완, 겨울에는 눈 내리는 무주 리조트 스키타기, 연말 바자회, 시상식, 한 해 동안 고생한 사원들과 엄마가 일하다 보면 소홀해질 수 있는 아이들과 남편을 조금이라도 위로해주고 싶은 마음에서 남편 가요제로 온 가족 잔치로 행복했다.

하루하루가 잠이 안 왔으면 좋겠다는 생각으로 일이 재미있었다. 10대가 넘는 자동차에 남양 알로에(유니베라) 자석으로 로고를 붙이고 카퍼레이드로 온 동네를 돌며 우리들의 마음도 전달하였다. 내가 일하는 천연물 전문 최고의 회사! 긍지와 자부심으로 일했다. 1998년 본사 사보 취재 인터뷰 때 말했듯이 30여 년이 흐른 지금도 '일복이 가장 큰 복이다.'라는 데에는 변함없는 마음이다.


55세가 되면 일선에서 열심히 살았으니 명예롭게 물러나서 전원생활을 하며 책도 읽고 된장도 담그고 커피도 내리며 살고 싶었다.

좋아하는 사람들이 언제든지 와서 쉬어가고 재충전하는 힐링 공간을 만들고 싶었다. 그렇게 꿈꾸던 나는 60세의 나이에도 현역에서 뛰고 있다. 마음이 바뀌게 된 계기는 어느 날 생일 선물로 받은 '목적이 이끄는 삶'이라는 책 때문이었다. 나는 그 책을 읽으면서 내가 얼마나 사랑을 많이 받은 사람인지 깨달았고 하염없는 눈물이 흘렸다. 내가 있어야 할 곳은 산속 전원생활이 아니고 사람들과 웃고 울고 부딪치며 일하며 사는 곳 현장임을 알게 되었다.

그 이후부터의 삶은 덤으로 생각했다. 가끔 식구들을 이끌어가다 보면 조금만 더 열심히 하면 좋으련만 하는 욕심이 올라오기도 한다. 그것 또한 살아 있는 동안 발전해나가야 하는 나의 몫이다.

나는 조금 알게 되었다. 이 세상 모든 것은 내 것 아니다. '우리 것'이고 필요한 데로 갔다가 쓰면 된다. 애지중지한 딸도 내 것이 아니고, 아무리 좋은 집도 빌딩도 세월이 지나면 다른 누군가로 주인이 바뀌기 마련이다. 나는 오늘을 만끽하며 필요한 만큼 가져다 쓰면서 누리면 된다. 자유란 이런 기분이겠지. 무슨 일을 해도 끝까지 해내는 습관을 지닐 수 있었던 것은 초토화 작전의 결과이다.

# PART 3

# 재구매 되는
# 고객 유지
# 8가지 방법

## 01
# 작은 상품에서 큰 상품으로 연결하라

작은 것이 큰 것이다! 라는 정리는 무엇이 중요하다는 것을 알게 했다. 작은 것 같은 건강, 아름다움, 행복한 부자, 사랑, 노력이 중요했다. 작은 것 같지만 부정적인 것에 마음을 빼앗기는 것은 속는 것이고 큰일이다.

아무 경험이 없이 처음 영업이라는 일을 시작하였다. 개척으로 시작된 첫 만남에서 누구나 쉽게 구매할 수 있으면서 일상에서 꼭 필요한 제품을 권했다.

첫 번째, 어프로치 제품으로 세정제로 시작했다. 만 칠천 원이라는 작은 가격의 제품이지만 머리끝 비듬균부터 발끝 무좀균까지 온몸을 때가 아닌 균을 관리해주는 제품을 권하였고 체험시켜주었다. 가격은 저렴하지만, 아이부터 어른, 남녀노소 누구에게나 필요한 제품이라는 판단에 서였다. 만칠천 원 하는 세정제 하나 들고 아무리 먼 곳이라도 버스를 몇 번씩 갈아타고 갖다주었다. 고객이 만족하도록 꼼꼼히 사용 방법과 효능을 설명하였다. 누구에게라도 최선으로 설명하다 보니 그 제품의 전문가가 되었다. 샘플만 써보고도 주문으로 연결되는 제품이었다. 작지만 꼭 필요한 제품으로 고객을 만들어 가기 시작했다.

얼핏 생각해보면 돈도 되지 않는 일에 시간 낭비하는 것 같았지만 그 순간 '고객에게 도움 되는 일인가?'를 기준에 두고 활동했다. 그런 마음은 오랫동안 굳어져 내 마음속에 박혀 있던 돌부리, 잡초 등의 쓴 뿌리를 골라내고 걷어낸 후 옥토 밭을 만드는 기회가 되었다.

지속적인 마음의 땅 정리 후로 지금까지도 계속해서 열매가 열리고 있다. 생각해보면 인생에서도 꼭 필요하고 거쳐야 했던 나에게 귀한 시간이었다.

두 번째 판매, 작지만, 꼭 필요한 제품으로 누구나 매일 매일 써야 하기에 화학 첨가제가 들어 있지 않은 천연물 샴푸, 비누, 치약, 폼 클렌저, 바디 제품 등으로 연결하여 판매해나갔다. 매일 온 가족에게 꼭 필요로 하는 제품이기에 금방은 표시 나지 않지만 건강하기 위해서 바탕을 이루는 중요한 제품이다.

미국 독성학 연구 결과에 따르면 SLS SLES (소듐라우릴설페이드) (화학 계면 활성제)는 피부를 통해 쉽게 흡수되며, 심장, 간, 폐, 그리고 뇌에 일정 수준을 유지하면서 체내에 5일 정도 머문다고 한다. 또한, 계면 활성제가 인체에 축적되었을 경우, 체내 유전자 변형을 일으킬 수 있고, 이러한 현상이 반복되다 보면 암이나 만성적인 질병으로 이어질 수 있다고 밝혔다. 또한, 순천향대학 홍세용 교수는 계면 활성제가 농약 외에도 일상생활이나 산업현장에서 다양한 용도로 사용되고 있는 점을 경고했다. 소듐라우레스설페이드, 에틸렌옥사이드는 세계보건기구 WHO 산하 국제암연구소에서 1군 발암물질로 규정했다.

백혈병과 유방암 발병 소지가 크다는 연구 결과도 나와 있다. 두 성분이 만나서 생성되는 1, 4-다이옥세인은 간암 유발 물질로 지정되었다. 섬유 유연제에 쓰이는 미세 플라스틱, 모발을 부드럽게 하는 린스에 들어있는 실리콘 등 이름도 모르는 무수히 많은 화학 계면 활성제를 쉽고 무감각하게 사용하고 있다. 그로 인해서 소리 없이 우리의 건강은 위협당하고 있는 것이 현실이다.

이러한 현실 속에서 식약청에서 넣어도 된다는 화학성분을 넣지 않은 데일리 제품을 모든 사람에게 전하고 싶은 사명감까지 생겼다. 이런 내 모습에 차츰 마니아들이 늘어가고 만족한 고객이 되어 평생 고객으로 이어지고 있다.

세 번째 판매로 이어지는 제품으로 기초라인 화장품 토너, 로션, 에센스, 크림 순으로 판매하였다. 피부 관리실이 귀해서 제대로 관리하지 못한 내 피부는 여드름과 아토피 피부염으로 고생하여 건조해서 갈라져 있었고 마른버짐이 심하고 모공이 숭숭 나 있었다. 나는 내 얼굴부터 관리해나갔다.

삼중 세안을 철저히 하고는 제일 영양성분이 많은 크림을 듬뿍 바르고 랩을 씌운 다음 따뜻한 수건을 올려주어 피부 속부터 영양을 채워주는 나만의 방법을 터득했다.

차츰 표피 여드름 자국과 모공으로 울퉁불퉁했던 부분도 매끄러워지기 시작했다. 지금의 내 피부를 보면 여드름이 언제 있었나 싶을 정도로 촉촉하고 매끄러운 피부가 되었다. 원래 좋게 타고난 피부인 줄로 안다. 나의 경험을 바탕으로 피부에 고민이 많은 고객을 해결해주었다. 항상 고객이 한 번도 접해보지 못한 모든 제품은 신제품이다.

네 번째 판매는 현대인들에게 섬유질 부족으로 변비 때문에 고생하는 사람이 많다는 걸 알게 되면서 변비 해결 제품을 판매하였다. 모든 질병이 그렇지만 만성이 되면 여러 가지 합병증으로 이어진다. 변비 또한 그대로 내버려두면 치질과 대장암으로 진행되기도 한다. 알로에는 식이섬유가 풍부하여 쉽고 편하게 변비를 해결시켜주었다. 적은 금액으로 종일 기분 좋은 장 상태를 만들어주었다. 하루의 기분은 장이 결정짓는다.

다섯 번째 판매는 누구든지 음식만으로 부족한 미네랄의 대표인 3개월분에 16만 원 하는 칼슘 판매였다. 뼈와 치아에 99 프로 혈액 속에 1프로가 들어 있고 신경의 원료가 되는 칼슘 부족은 147가지 질병이 온다고 한다. 칼슘이 부족하면 어린아이들은 집중력이 떨어지게 만들어 산만해진다. 산과 알칼리(PH)조절이 안 되니 면역력도 약해진다. 여러 종류의 알레르기가 생기게 된다. 충치도 쉽게 생기고 성인에게도 퇴행성관절염과 뼈에 구멍이 나는 골다공증이 나타나기도 한다. 하루라도 빨리 섭취해놓는 것은 은행에 저축해놓았다가 필요할 때 꺼내 쓰는 것과 같다.

이렇게 작은 상품에서 큰 제품으로 고객과 신뢰가 쌓이다 보면 유전적으로 가족력 있는 고혈압, 당뇨, 간염, 콩팥병과 관절, 아토피에 대한 상담으로 이어지게 되었다. 가족 구성원들이 건강해지도록 주부와 함께 필요에 맞는 건강 설계를 해줄 수 있었다. 오래된 질병은 체질을 개선해야 하기에 시간과 메가 복용 요법이 필요해진다.

항상 기본은 식생활 관리와 영양균형 확인과 운동 체크이다. 지금 불편한 곳은 없는지? 소화는 잘되는지? 변은 제때 잘 보는지? 평소에 식생활은 인스턴트를 많이 먹고 있는지? 첨가물이 많이 들어간 외식을 많이 하는지? 그로 인해서 부족한 영양소는 무엇이 있는지? 가족력으로 인한 유전적 질병은 병원에서 어떤 진단을 받았는지? 문진을 충분히 한 다음에 부족하고 약한 부분에 맞추어 세트 판매를 권하여 체질 개선하도록 서로 노력하며 함께했다.

긴 세월 속에서 아무리 급해도 기본은 작은 것에서 큰 것으로 이어가는 방법으로 일했다. 세월이 많이 지났지만, 아직도 날마다 나는 처음 시작하는 마음으로 돌아가서 고객을 만나서 인사하고 설명하며 일하고 있다. 작은 상품에 만족한 경험을 가진 고객들은 큰 상품에 대해서도 신뢰가 생겼고 충분한 믿음 후에 구매하였기에 반품이 없고 괜히 샀다는 후회도 없었다. 예외는 있겠지만, 갑자기 큰 상품을 구매하고 제품의 특별한 효능도 경험하기도 전에 속은 것 같은 마음이 생길 수도 있다. 고객의 마음도 내 마음과 같을 것 같아서 판매 후 다음날 바로 사용 방법은 잘 지키고 있는지 복용은 잘하고 있는지 확인 전화하는 것은 당연하고 꼭 해야 하는 해피콜이다.

내가 한 경험으로는 작은 상품으로 고객 수를 많이 늘려가며 일해야 업 다운이 적고 꾸준하게 오랫동안 힘 빠지지 않고 일할 수 있다. 사람의 능력은 비슷하다고 생각한다. 누가 더 꾸준히 노력하느냐에 따라서 성공이 달라진다고 생각된다. 사원도, 고객도 수가 많아야 한다. 숫자의 힘은 여러 줄의 동아줄처럼 잘 끊어지지 않고 돌아가면서 판매로 이어지게 되니 압박감이나 피로도가 적다. 작은 것 하나 판매할 때마다 기쁨도 하나 저축하는 것이다. 이러한 저축은 힘들 때 꺼내 쓸 수 있다.


연고 또는 인맥이 좋아서 출근하자마자 몇 백만 원 판매하고는 바람과 같이 사라지는 사람도 많이 봤다. 아무리 가까운 가족 친구 같은 연고라 해도 당연한 것은 없다. 고객은 고객이다. 개척한다는 마음으로 관리하고 정성을 다해야 당당하게 일할 수 있다. 그래야 꼬리에 꼬리를 무는 소개 판매로 이어진다. 소개는 신뢰가 바탕으로 깔려있기에 판매가 쉽게 이뤄진다. 나는 처음보다는 만나면 만날수록 좋은 사람이 되고 싶다. 그러기 위해서 행동은 좀 느리더라도 성실하고 부지런해지려고 애쓴다.

처음 일을 시작하면서도 욕심만 앞세우고 기다리지 못하고 떠나는 사람들 경우도 많이 봤다. 물론 욕심은 효율을 생산하기도 하지만 지나치지 않도록 조절하는 것도 실력을 키워가는 과정에 포함되어 있다. 그렇지 않으면 깊이 있는 전문가가 되지 못하고 철새처럼 쉬운 일만 찾아다니게 되고 새로운 일을 배우느라 또 시간을 낭비해버린다. 악순환의 고리가 되는 것이다. 일할 때마다 작은 산을 못 넘어가니 큰 산 위에 얼마나 많은 자리가 있는지 느껴 볼 기회가 없어진다.

내가 하는 일은 사람들을 예방으로 아름답고 건강하게 살려야 하니까 부자 되기가 쉽고 당연히 부자도 되어야 한다.

이왕에 하는 일 재미나게 하면 되는데 힘들다고 말하는 사람을 보면 안타깝다. 불평불만을 말해서 풀린다면 말해도 된다. 그러나 그렇지 않다. 말대로 자꾸 힘든 일이 겹치게 된다. 내경험으로 보면 대부분의 일은 일하면서 풀려나갔다. 화나는 일이 생겨도 일을 하다 보면 언제 그런 일이 있었나 싶을 정도로 다 잊어버리게 되었다. 여유를 가진 마음으로 일하다 보면 하루하루 안정감도 생기고 불편했던 일들도 하나씩 해결되어감을 알 수 있다.

## 02
# 요람에서 무덤까지 우리 제품은 꼭 필요하다

지금도 출산하기에 늦은 나이지만 지금부터 60년 전에 아버지 55세, 어머니 45세의 나이에 2남 3녀 중 막내로 나는 태어났다. 어렸을 때 우리 마을에는 무릎까지 눈이 많이 내려서 늘 추웠던 기억과 내 머리 위 라디오 옆에는 소화제와 감기약이 항상 있었다. 추위를 너무 많이 타서 방안 아랫목에만 있는 나를 부모님은 안방 호랑이라고 불렀다.

늘 배가 아팠고 머리도 아팠다. 그럴 때마다 아버지께서 여러 가지 뿌리와 풀을 끓여 우려낸 물을 먹여주셨고 엄마는 따뜻한 물에 설탕을 타서 먹여주었다. 그때는 나에게 설탕물이 응급 약이었고 가끔 꿀 장수 할머니가 오시면 고급 약이 꿀물로 대체되었다. 마음으로 설탕물과 꿀물을 먹고 나면 배가 편안해지는 것도 같았다. 철없는 마음에 꿀물이 먹고 싶어서 꾀병을 부린 적도 있었다. 나의 아랫배(단전, 붉은 밭)는 늘 그렇게 얼음처럼 차가웠다. 어제 일 같은데 그동안 세월이 많이 흐르면서 건강 사업을 시작하면서 나는 점점 더 많이 건강해지며 살고 있다.

초등학교 때 방학이 되면 충청도에 있는 우리 집에서 서울 외가댁에 가기 위해 고속직행버스를 타야 했다. 3시간 반 정도의 거리에서 항상 끝까지 가지 못하고 다른 사람들을 차에서 기다리게 하면서 부끄러웠지만, 중간에 내려서 볼일을 봐야 했다. 멀미가 너무 심하고 배가 아파서 두 번에서 세 번은 볼일을 보고야 용산 터미널에 도착할 수 있었다. 버스에 함께 있던 사람들은 얼굴이 노랗게 변해 있는 나를 위로해주었다. 어릴 때부터 뱃가죽이 앞뒤로 찰싹 등에 붙어 있었다. 먹으면 바로 화장실에 갔다. 공부하면서 알게 되었다. 엄마의 노산과 영양 부족으로 늘 허약했었다. 심한 알레르기는 날마다 더욱 힘들게 했다.

얼굴이 커서 내가 그렇게 살이 없고 허약한지 아무도 몰랐다. 아프고 힘들어도 참고 사는 줄 알고 살았다. 비타민과 영양소 부족 증상이었음을 인체에 관한 공부를 하게 되면서 나중에 먹는 것이, 내가 된다는 것을 알게 되었다.

나의 어린 시절은 가난하지 않은 사람은 거의 없었을 것이다. 어려운 살림 가운데서도 정월 대보름이(음력 1월 15일) 되면 엄마는 가족 건강을 위해서 먹는 것에 힘쓰셨고 해마다 오곡밥을 하셨다. 부럼을 깨 먹어야 모기에 물려도 상처가 생기지 않는다고 부럼을 먹여주고 귀가 밝아진다고 귀 밝기 술을 먹이고 두부도 한 솥씩 해서 먹여주고 이웃집에도 나눠주었다. 건강해야 일도 잘할 수 있다고 늘 말씀하셨다. 하지만 일 년에 한 번 먹는 영양 보충으로 엄마의 뱃속에서부터 부족했던 내 몸의 영양을 채우기에는 부족했다.

그때는 엄마의 사랑과 지혜를 잘 몰랐었기에 먹지 않겠다고 투정을 부렸던 행복한 추억이다. 인체와 영양소에 관한 공부를 하면서 엄마가 나에게 해주었던 방법이 오랫동안 내려온 조상들의 과학적인 건강관리 방법이었다는 것을 알게 되면서 놀라게 되었다.

부럼으로 먹었던 호두, 잣, 생선조림은 오메가3, 6, 9(감마리놀렌산)이 많이 들어있기에 뇌와 눈과 세포막에 필요했던 영양소였다. 두부는 단백질 보충을 위한 방법이었다. 먹고 살기 힘들었던 시절, 가족의 영양 보충을 위하여 우리들의 할머니, 어머니들이 해온 가족 건강관리를 위한 지혜로운 방법이었다. 1년 동안 건강을 위해서 했던 민간요법이었다.

임신하면 잉어를 고아 먹어야 아이 눈이 예뻐진다는 것은 눈에 좋은 DHA가 잉어 속에 많이 들어있기 때문이었다. 우리 몸은 먹는 음식이 원료가 되어 피가 만들어진다.

잦은 복통과 감기, 알레르기 등으로 고생하며 살던 나는 운 좋게 32살이라는 나이에 "자연의 혜택을 인류에게."라는 기업 철학을 가진 남양 알로에(현 유니베라)에 입사하게 되었다. 제2의 인생을 시작하면서 내 건강관리도 시작하면서 동시에 고객의 건강과 아름다움을 전하는 일을 하였다. 4년여 동안 일하는 중에 36세라는 늦은 나이에 첫아기를 출산했다. 노산이었지만 늦은 시간까지 일해도 피곤하거나 몸이 붓는 증상이 없었다. 입덧도 일주일 정도만 약하게 하고 금방 회복되어 일에 지장이 없었다. 건강 사업을 하면서 공부하고 천연물 복용으로 균형 있는 영양 상태가 된 덕분이었다. 입덧이 심한 사람은 영양소 부족에서 온다는 걸 그때 알게 되었다.

출산 후 빠른 회복력으로 일주일 만에 업무에 복귀할 수 있었다. 예전의 건강을 생각해보면 기적 같은 일이었다. 허약체질이었던 나 같은 사람도 건강을 전하는 일을 시작하면서부터 식약청에서 인증한 식물추출물로 특허 받은 영양소를 꾸준히 복용한 건강관리 덕분이었다. 내가 하는 일이 중요하다는 것을 직접 몸으로 체험하고는 더욱 성실하게 배우며 활동으로 노력했다.

우리 몸의 세포는 60조 개에서 100조 개가 있다고 한다. 몸은 세포 하나하나가 모여서 조직이 되고 조직이 모여서 장기인 오장육부가 된다. 오장인 간장, 심장, 비장, 폐장, 신장이 있고 육부로 쓸개(담낭), 소장, 위장, 대장, 방광, 삼 초가 있다. 206개의 뼈와 600개 이상의 근육과 9개의 구멍으로 이루어져 있다. 그 외 혈관의 길이는 10만 킬로미터 정도 되며 지구 두 바퀴 반의 길이에 해당한다고 한다. 인체의 신비다. 우리 몸의 기초 단위가 되는 세포의 원료는 혈액이고 혈액의 원료는 음식이다. 피의 원료가 되는 음식에 따라서 각자의 건강 상태가 결정된다. 요람에서 시작되는 세포재생의 시작은 평생 건강에 영향을 미친다.

어떤 음식을 먹느냐가 건강이다. 세포재생 효능, 효과가 뛰어난 음식이 알로에베라이다. 알로에의 첫 번째 효능은 우리 몸의 최소단위 세포재생이다. 2차 세계 대전에 히로시마에 원자폭탄이 투여되었을 때 상처에 알로에를 발라서 상처가 빨리 아물었다고 한다. 또한, 서울대 이승기 교수팀에서 연구하여 알로에 성분 중 NY931 성분은 간세포 재생이 된다고 밝혀졌고, 서울대 김규원 교수팀의 알로에 연구에서 추출한 NY932 성분은 혈관 내 피, 세포 재생을 돕는다. 그 외에도 너무나 많은 과학으로 밝혀낸 성분들은 우리 몸의 기능을 살려준다.


아프리카를 비롯하여 세계 7분의 1 인구가 심각한 영양실조를 겪는 중이라고 한다. 농작물이 자라지 못하고 그곳에서 필요한 비타민 섭취를 하지 못해서 죽어가는 10세 미만 아이들이 2005년 기준 4초에 한 명씩 굶어 죽었고, 비타민A 부족으로 시력을 상실하는 사람은 3분의 1명이라고 한다.

사람이 생존에 꼭 필요한 영양소는 탄수화물, 단백질, 지방, 수용성 비타민(V, C, B 군, B₁(티아민), B₂(리보플래빈), B3(나이아신), B 6(피리독신), B7.8(비오틴), B9(엽산), B12(코발아민)), 지용성 비타민(V, A, D, E, K), 미네랄(칼슘, 마그네슘, 철분, 크롬, 셀레늄, 게르마늄 등)은 하루에 21가지가 필요하다. 어느 것 하나만 부족해도 몸의 균형은 무너지게 된다. 간단한 '나이아신' 한 가지만 부족해도 뇌 기능 저하, 일반적인 정신질환, 우울증, 기분장애, 아동의 학습장애, 과잉 행동 장애(ADHD) 등의 신체적 증상과 관절염, 고지혈증, 심장질환, 알레르기 등 질환에 헤아릴 수 없이 관여하는 영양소이다.

임산부가 스트레스가 많고 영양결핍으로 혈액순환이 안 되면 갑상선호르몬 분비가 안 되어서 태아의 머리끝에서 발끝까지 성장 발육에 문제가 생길 수도 있다. 그런 사실을 알게 되면서부터 도시락을 싸 들고 다니면서 임산부를 상담했다. 가장 중요한 건강관리는 엄마의 뱃속에서 만들어진다는 걸 알기 때문이다.

산모가 어떤 음식을 먹었느냐에 따라서 40세까지의 건강이 결정되고 40세부터의 건강은 태어난 후부터 어떤 음식을 먹었느냐에 달려 있다고 한다.

요즘은 불임, 난임 부부들이 많다. 음식과 생활환경에서 온다고 생각한다. 정자와 난자의 힘도 그동안의 식습관의 관한 결과이다. 인공수정을 시작하면 비용도 많이 들고 몸도 마음도 지치고 망가진다.

평소에 신경 써서 식물추출물을 통한 영양 보충이 필요하다. 식물은 위험에서 몸을 옮길 수 없으니 자신을 보호하기 위한 독이 있다. 한약재를 구증구포해서 독을 뺀 후 복용해야 하는 이유이다.

한 살이라도 어릴 때부터 균형 잡힌 영양소를 먹어주는 관리는 가장 우선 되어야 하는 일이다. 내 아버지는 뭐니 뭐니 해도 새 중에 먹새가 제일 큰 새라고 하셨다. 자식들의 입에 먹을 것을 넣어주는 것을 최우선으로 하신 분이셨다. 모든 것이 풍족하고 먹을 것 또한 넘쳐나는 시대에 우리는 살고 있다. 풍요 속의 빈곤이라고 공장형 음식은 아무리 먹어도 우리 몸의 영양소를 채울 수 없으며 환경적으로 전자파, 바이러스, 미세먼지등으로 환경 호르몬은 심해지는 현실이다. 이럴 때일수록 인간의 기본 근간이 되는 먹거리 선택은 너무나 중요하다.

지구의 한 모퉁이에서 나와 내 가족은 고객의 요람에서 무덤까지 건강을 생각하며 예방 실천하고 있다는 사실에 오늘도 무한 감사하다.

## 03

# 고객은 또 다른 사원이다

우리는 유리 상자 안에 들어있는 상태이다. 무슨 말인가? 나는 사방이 뚫린 곳에서 자유롭게 살고 있는데 누구나 그렇게 생각할 수 있고 나도 그렇게 생각했었다. 하지만 나를 아는 모든 사람은 나를 지켜보고 있다. 그 사실을 나만 모르고 있었다. 처음 일을 시작할 때 매일 예쁘게 단장하고 나가는 나를 보고 동네 사람들은 집 앞 구멍가게 평상에 앉아서 저 여자 무슨 일로 저렇게 매일 나가느냐? 의심의 눈과 말로 좋지 않은 쪽으로 나를 만들어갔다. 다른 사람이 말로 다른 나를 만들어내는 일은 쉽다. 만들어낸 모습을 먼저 듣고 나를 만나는 사람은 선입견이 생기게 되어 있고 나도 그런 선입견으로 사람을 만날 때도 있었다.

그런 말에 마음을 빼앗길 이유는 없지만 그런 사람들 앞을 지나갈 때 기분은 좋지 않았다. 멋있게 살기로 작정한 나는 그럴수록 하는 일에 더욱 집중하면서 일만 생각하고 마음을 다잡으며 활동했다.

겁이 많은 나였지만 스물아홉 살에 운전하는 여자가 너무 멋있어 보여서 덜덜 떨면서 몇 번이나 떨어지면서 끝까지 면허증을 따놓았었다. 덕분에 일 시작하고 한두 달 만에 차를 구매해서 운전하니 더 많은 사람을 만날 수 있었다. 그렇게 날마다 발전해가는 내 모습을 보면서 더욱 수군거렸다고 한다. 아침 일찍 출근해서 열심히 일하다 보니 더 넓고 쾌적한 곳으로 이사하게 되었다.

그때부터 사람들의 말과 나를 대하는 태도는 확연히 달라졌다. 대단하다. 그럴 줄 알았다. 듣기만 해도 자부심이 생기고 자존감도 높아지는 찬사의 말들이었다. 하지만 갈 길을 정하고 가는 나는 그런 말은 잠시의 휴식으로 생각하고 꿈을 향해 달려갔다. 일뿐만이 아니고 살아가다 보면 작은 상처들은 무수히 생길 수 있다. 그럴 때마다 큰 상처로 착각하고 아파하는 경우가 많다. 그럴 때 잘 생각해야 한다.

나눌 수 있을 만큼 행복한 부자가 되기로 마음먹은 나는 상처가 뭔지도 모르고 살았다. '가난하게 태어나는 것은 죄가 아니지만 가난하게 죽는 것은 죄다.'라는 말을 가슴 깊이 새기면서 살았다. 모든 책임은 나에게 있음을 아는 순수한 마음과 열정은 더욱 노력하며 일에 매진하게 되었고 하루하루의 많은 부분의 삶이 달라져갔다.

모든 일은 나로부터 시작되고 책임도 내가 진다는 주인의식이 몸으로 체득되는 시간표였다. 좋지 않은 소문도 빨랐지만, 성공했다는 소문 역시 엄청나게 빨리 돌았다. 소문 덕분에 얼마 전까지 살던 동네에 많은 상담 문의와 판매가 이어졌다. 나를 지켜보았었고 제품을 경험해본 사람들은 같이 일해보고 싶다고 증원으로 함께 출근하게 되었다. 대리점에서 직접 몸을 던져 일하는 모습을 보면서 밖에서 보던 모습보다 더 다른 나를 다시 보는 사람이 많았다.

진짜 이기는 방법은 나를 증명해 보이는 것이다. 계속 움직이면서 최선을 다하다 보면 알아주는 사람들이 생기기에 급하게 생각할 필요는 없다. 지금 기분 나쁘다고 해서 내일도 나쁜 것은 아니다. 오랫동안 나를 지켜보고 있던 사람들이었기에 내가 하는 말과 행동을 더욱 신뢰하게 되었다.

지금, 이 순간도 이렇게 친구를 비롯한 주위 사람들은 나를 지켜보고 있다. 무슨 일을 하는 걸까? 돈은 얼마나 벌까? 힘들 거야. 쪼금 하다 그만두겠지. 보고 싶은 대로 보고 말하고 싶은 대로 말하는 것이 보통 사람들의 인심이다.

초고령화 시대가 되었다. 얼마나 건강하게 사느냐가 우리 모두의 숙제이다. 일찍 건강과 아름다움을 전하는 가치 있는 활동을 하다 보니 나의 신체와 정신도 건강해지고 다른 사람도 건강한 길로 인도할 수 있었다.

꿈이 있고 희망이 있는 사람에게 바닥에서 시작하는 일이 얼마나 자유롭고 행복한 일인지 운 좋은 나는 알게 되었다. 100세 시대에 대한 준비를 일찍 시작할 수 있었던 선택에 감사하다.

사람은 누구나 생각되는 대로 말하고 싶은 유혹이 있다. 쉬운 길을 말하기 쉽고, 가기 쉽기 때문이다. 하지만 내 입에서 말로 나오는 말들은 물질로 변하여 현실이 되어 나타난다. 그래서 원하는 것을 말하고 이루고 싶은 목표를 말해야 한다. '힘들다.' 사실이다. 진실은 아닐 수 있다. 지금의 내 수준이고 상태라는 것을 알아야 한다. 입버릇처럼 되어 있는 말투는 투정 부리는 미성숙한 사람일 뿐이다. 미성숙한 사람을 좋아해줄 사람은 내 엄마밖에는 없을 것이다. 그렇지만 그런 자식을 보는 엄마 역시 얼마나 힘들까?

열심히 사는 사람을 말은 안 하지만 누구나 존경하고 좋아한다. 그런 마음을 가진 모든 사람은 고객이 될 수 있다.

남들은 나를 지켜보고 있다. 나 또한 다른 사람을 지켜보고 있다. 일할 곳이 넘치게 많은 요즘 같은 시대에도 일할 곳이 없다! 투정하기도 하지만 내 마음 여하에 따라서 청소해도 전문가가 된다면 성공할 수 있다.

사장으로서도 일을 선택해야 할 때 그 일을 맡길 만한 사람이 있는가?

관심을 가지고 관찰 후 선택한 사람을 믿고 맡기게 되어있다. 내가 사장이라면 나 같은 직원을 뽑겠는가? 내가 고객이라면 나 같은 사람에게서 제품을 구매하겠는가? 나를 좋아하겠는가? 신뢰할 수 있겠는가? 나는 나를 좋아하는가? 점검해 보면 어떻게 행동해야 할지 답이 나온다.

일에 집중하고 있을 때 누구를 만날지 모르니까 화장을 안 하고는 밖에 나가지 않았다. 항상 옷을 갖춰 입고 신발도 운동화. 슬리퍼는 신지 않았다. 그렇게 준비하고 사는 것이 힘들지 않으냐고 생각해주며 질문하는 사람도 있지만 모든 것은 습관이 되면 자유롭다. 바지보다 치마가 편한 것과 같다.

앉으면 눕고 싶고, 누우면 자고 싶다는 말이 있다. 사람의 마음은 간사해서 한번 편하기 시작하면 금방 무너질 수 있는 것이 마음이고 습관임을 알기에 거창한 말 같지만, 신독(愼獨) 하려고 한다. 그리고 편하다는 것은 육체만 편한 것이 아니고 마음이 편해야 진정 편한 것이란 걸 안다. 마음 편하게 살기 위해서 보람 있고 가치 있게 살기를 선택한 나는 받는 돈보다는 몇 십 배의 일을 더 한다는 각오로 일에 임했다.

나를 바꾸면 내 주위가 바뀐다는 것을 경험으로 배웠다. 그때부터 궂은일은 내가 먼저 한다는 것이 삶의 습관이 되었다. 늘 준비하는 자세로 살아가는 이유는 상대방에 대한 예의이고 성실한 나를 가꾸고 사랑하려는 기본적 마음이었다. 잘하기 위해서는 시간이 걸리지만, 성실을 기본

자세로 실천하는 이유는 지금 당장 할 수 있는 부분이기 때문이다. 한 사람의 고객에게 일하는 목적과 이유를 알리고 제품에 대해서 알리기 위해 여러 번의 거절을 거울삼아 오늘도 성실히 공부하고 있다. 진정한 승리는 내가 믿고 선택한 제품을 어떻게 많은 사람에게 도움을 주느냐인 것이다. 고객이 만족했을 때 입소문과 소개는 내가 직접 판매하는 양보다 훨씬 더 많아져갔다.

직접 판매자인 내가 말하면 자기가 파는 거니까 좋다 하지. 하면서 벽을 쌓고 들으려 하지 않던 사람도 같은 고객의 관점에서 체험, 경험을 설명하면서 소개하면 상대방의 귀가 쉽게 열리고 믿음이 더 생기는 것이 사람 심리였다. 소개 판매는 시간과 비용 절감, 만족도가 높다.

사람의 마음은 내가 쓰고 있는 제품이 최고란 믿음이 있다. 만족한 고객은 또 다른 사원이 되어 소개 판매로 이루어진다. 이런 방법으로 소개는 조금만 설명해도 판매로 바로 연결되기 쉬웠다. 고객은 월급 받지 않는 또 다른 사원이다. 고객으로만 보는 것은 많은 기회를 놓치는 것이다.

친구와 지인을 소개해준 고객 본인도 소개해주다 보면 제품의 효능에 더욱 관심과 애착이 생기게 되어있고 제품에 대해 깊은 믿음이 생기게 되다 보니 평생 고객이 될 수 있다.

어느 순간이 되면 출근하면서 직접 판매자가 되기도 했다. 선순환의 연결고리는 이렇게 시작되는 것이다. 처음 고객을 만들 때는 힘들지만 몇 명만 성실히 만족할 때 가지 관리해주다 보면 소개, 소개로 고객 수는 계속 늘어나게 되어 있다.

일할 수 있다는 것은 대단한 일이다. 내면에 많은 것이 들어있다는 표시이다.

안타까운 현실은 판매를 부탁하는 일 정도로 쉽게 생각하다 보니 조금 하다가 금방 그만두는 경우가 많다. 조금만 멀리 보고 생각해보면 서로의 인생을 바꿔주는 가치 있는 일이란 것을 알게 되는데 기다리지 못하고 그만두는 사람을 보면 안타깝다.


만족한 고객 한 사람에게 최소 3명은 소개받는 시스템을 구축했다. 내가 발로 뛰어 3명을 찾아내는 데 들이는 노력, 시간, 비용보다 만족스러운 고객에게 소개받는 것이 효율적이고 성과도 높았다. 3명은 또 3명 세포분열이 되는 이런 시스템은 30년을 한결같이 재미있게 일할 수 있었던 나의 시스템이 되었다. 이러한 방법으로 혼자 시작한 사업이 점점 고객도 늘어났고 소득은 당연히 높아져가기 시작했다. 고객은 나를 대신 월급도 받지 않고 일해주는 또 다른 고마운 사원이다.

나에게 축복된 만남의 시작은 고객이 사원 되는 일이었다.

## 04
# 상품을 팔기 전에 나를 팔아라

현재 전 세계는 코로나로 팬데믹 상태에 있다. 미국 통계를 보니 100가구 중, 세끼 식사하는 가족이 13가족에서 코로나 이후 37가구로 늘어났다. 앞으로는 더 많이 늘어날 것이다. 건강의 중요성을 생각하고 실천하는 사람들이 많아지고 있기 때문이다.

1960년대 아파트를 지을 때는 부엌이 우선시 되었다가 점차 주방이 줄어들고 주방을 북카페로 변화하다가 코로나 이후로 건강이 화두로 떠오르면서 다시금 주방의 역할이 커지고 있다. 또한, 집안에서 머무는 시간이 많아지면서 텔레비전과 건강을 생각해서 냉장고, 토스터기, 믹서기 등 요리 기구들이 많이 판매되고 있다. 앞으로 최고의 명제는 건강일 것이다. 다행인 것은 인간만이 요리할 수 있고 인간만이 스스로 건강 관리할 수 있다.

평상시 일 자체가 예방 의학이고 건강과 아름다움을 전하는 일을 했던 나와 우리 사원들은 코로나 팬데믹 상황에서 선방하고 있다.

유럽에 흑사병 이후에 르네상스 문예 부흥이 일어났고 팬데믹 상황에서 준비한 메디치 가문이 500년간 호황을 누릴 수 있었던 것은 위기를 기회로 발전시켜나갔기 때문이다.

수천수만의 오랜 시간 면역을 공부하고 면역력의 중요성을 전했다. 모든 바이러스 감염이 그렇듯이 코로나에 걸리는 사람은 면역력이 약해서이다. 면역력을 높이는 일자리 창출에 하루도 게을리하지 않았다. 하루하루의 점이 모여서 오늘의 선이 되어 기회가 된 것이다. 이 상황을 기회로 더 많은 사람의 면역을 높여줄 수 있다.

누구나가 꿈을 꾼다. 꿈을 이루고 못 이루는 차이는 누가 실천하느냐? 안 하느냐에 있다. 나를 잘 판다는 것은 나를 증명해야 한다. 착하고 성실한 것은 주관적이다. 학생은 시험 쳐서 점수로 증명하듯이 나를 증명하려면 언니, 동생이 열심히 하라고 사주는 것은 덤으로 생각하고 개척해서 내가 일하고 있는 분야의 핵심인 증원과 판매로 증명해야 한다.

나를 잘 팔기 위해서 우선 주자! 무조건 주자! 또 주자! 주고 또 주자! 주고 또 주고 또 주자! 첫 번째 덕목으로 실천하려고 했다. 두 번째부터는 생각했다. 어떻게 주면 좋을까? 무엇을 주면 좋아할까? 언제 주면 좋아할까? 줄 것은 너무 많다. 지식, 정보, 머리 방울, 책, 꽃, 액세서리, 정신적인 것부터 물질적인 것까지 줄 것은 무궁무진했다. 나의 가치관, 철학, 성실한 향기, 나만의 에너지가 전달되는 것이 나를 잘 파는 것으로 생각했다.

내가 하는 일을 통해서 누군가에게 도움이 된다는 것은 사회를 이롭게 한다는 것을 알기에 피부에 대해서 상담해오고 노화 지연 방법을 묻고 내가 하는 말을 믿어주고 내가 판매하는 제품을 선택해주는 것이 나를 잘 파는 그것으로 생각한다. 길 위에서 오다가 가다가 만난 사람들이 평생 친구로 남는 일, 이러한 일들이 나를 잘 팔았기에 가능했던 결과다.


나를 잘 팔려면 작은 것에서 만족을 주고 기쁨을 주어야 한다고 생각하고 실천했다. 알부자는 동네에서 구멍가게를 한 사람 중에 많이 있다. 세월이 지나면 그 동네 터줏대감으로 자리 잡고 살고 있다. 대기업도 껌 팔아서 부자 되었듯이 작은 것은 중요하다. 영업을 시작하고 몇 십만 원의 작은 첫 월급에 너무나 기뻐서 그 돈으로 몽땅 시계, 책, 빵 등 선물을 사서 고마웠던 사람들과 나누었던 기쁨은 수십 년이 지난 지금도 입가에 미소가 번지는 행복한 추억으로 남아 있다.

한탕, 큰 것만 노리는 사람이나 일은 겉으로만 번지르르하다. 그런 사람은 굴곡이 많을 수밖에 없다. 나중에는 어디에 있는지 흔적도 없이 사라지는 경우를 여러 번 봤다.

나를 증명하기 위해서 작은 상품을 꾸준히 판매하고 전했다. 작은 눈덩이를 계속 굴리면 큰 눈사람으로 변하는 것과 같이 나의 꾸준하고 작은 일들은 큰 내가 될 수 있는 초석이 되었다.


작은 것에 싫증 내고 오래 못하는 이유는 옛날에는 하루하루만 살았지 내일에 대한 계획이 없었기 때문이다. 오랫동안 그렇게 살다 보니 무의식 저 밑에 무계획이 자리 잡고 있다. 그렇게 살다가 계획을 세워도 삼일을 못 하고 그만두게 된다. 작심삼일이란 말이 여기서 나왔을 것이다.

내가 경험했고 좋아하는 말 중에 '내가 한 일은 남이 가져가지 않고 내게 새끼 쳐서 돌아온다'.라는 말이 있다. 세상을 살다 보니 화날 때도 있고 억울할 때도 있고 울고 싶을 때도, 삐지고 싶을 때도 있었지만 세상은 내가 한 것보다 훨씬 많이 나에게 주었다. 나의 철학은 우선 하자! 한만큼 이익이다. 과거는 다 발판이 된다!

나를 잘 팔기 위해서 몸은 오늘 한마디 한 발짝에 놓고 꿈은 높이 놓고 살았다. 그 마음 없이는 나를 가치 있게 잘 팔 수가 없다고 생각했다. 공부하면 할수록 모르는 것이 많다는 것을 깨닫게 되었고 오늘 라면을 먹어도 공부하는데 투자해야 한다고 생각했다.

일하며 많은 최고경영자 수업을 수강했다. 지식과 경험을 축적해가며 사랑도 나눔도 모아서 하기보다는 오늘 할 일은 오늘 한다는 실천으로 생활했다. 뒤돌아보니 엊그제 같은데 어느새 30년이 흘렀다. '나'라는 상품을 귀하게 잘 팔고 있는가? 나를 점검한다.

부자처럼 보이는 것이 아니고 진짜 부자가 되고 싶었다. 부자에게 주어지는 가장 큰 선물은 내가 사랑하는 내 아이와 사람들에게 필요한 것을 해줄 수 있는 빛의 경제적 자유를 누릴 수 있기 때문이다. 마음의 여유와 시간적 자유를 누리고 싶어서 행복한 부자가 되기로 마음먹었다. 부자는 일이 머리와 몸에 습관 되어 있기에 남들이 보기에는 쉬워 보이고 노는 것처럼 보이지만 남이 보지 않는 곳에서 열심히 일한다는 것도 알 수 있었다. 제일 편해 보이는 사람이 제일 힘든 사람이었다.


난세에 영웅이 난다는 말이 있다. 어제도 그랬고 오늘도 그렇고 내일 역시 그럴 것이다.

조직의 현장은 고비 고비마다 난세고 영웅이 필요하다. 영웅이 대단한 것 같지만 작든 크든 문제 앞에서 앞장서서 먼저 돌격 앞으로 할 수 있는 사람이다. 너 먼저가 아니고 내가 먼저 땅겨 줄 수 있는 사람이 영웅이다. 내가 먼저 하겠다! 말하고 실천하는 것이 나를 잘 파는 것이었다. 희생하겠다고 선언하는 것이다.

회사에서 목표가 5천만 원이 주어질 때 내가 먼저 '3천하겠습니다. 나머지 나눠서 우리 함께 뛰어 봅시다.' 다 함께 협업으로 하나 되면 실력과 힘이 생기게 되어 있다. 결과는 앞장서서 희생하며 달리던 내가 제일 많이 성장 되고 좋아져갔다. 그 희생의 짐이 나를 부정, 게으름, 무능력의 세찬 물살에서 떠내려가지 않도록 잡아주고 있었다. 그러한 경험 한 번만 해봐도 이끌어가는 리더로 변해가게 되어 있다.

가족에게도 고객에게도 나를 잘 팔아야 한다는 거는 누구나가 알고 있다. 그러나 일을 하는 과정에서 대부분 사람은 핑계가 많다. 핑계로 해결될 일은 없다.

나는 잘해주었는데, 나는 좋은 사람인데, 저 사람이 거절한다, 피한다, 무시한다, 쉽게 하소연한다. 누구나 다 나에게 사줄 수는 없다. 누구나 다 나를 좋아하라 할 수도 없다는 전제에서 일해야 하고 살아야 나다운 나로 살 수 있다.

나를 잘 파는 것은 나에게 사주는 사람을 늘려가는 과정의 일이다. 그 과정에 성실하면 된다. 오늘만 반짝하는 것이 아니고 꾸준히 늘려가는 것이다.

나를 잘 파는 것 그것이 내 일상이어야 한다. 제품 구매하는 사람에게만 억지로 웃는 것이 아니고 뼛속까지 나를 바꿔야 한다. 그 속에서 우러나오는 친절과 웃음이 나를 잘 파는 것이다. 진짜가 아니면 오래할 수가 없다.

나를 신뢰하고 좋아하며 내가 판매하는 제품의 필요성을 아는 사람들이 점점 늘어나는 것이 나를 잘 파는 것이다.

냉정한 말 같지만, 그동안 잘 지냈던 친구나 지인이 내가 파는 사람이어서 떠나가는 것이 아니고 못 파니까 나를 떠나가는 것이다. 책임은 나한테 있다.

잘 팔기 위해서는 오늘은 내가 필요한 사람이 어디에 있는지? 생각해보며 그곳을 향해서 발걸음을 내딛는 것이다. 그 걸음이 10% 안에 1% 안에 들어갈 수 있도록 그 분야의 전문가로 만들어주는 거름이 된다. 나를 잘 판다는 것은 돈도 남고 사람도 남기는 일이다.

제품을 파는 노력보다 나를 파는 것에 더 시간 투자해야 한다. 사람은 받으면 주고 싶다.

앞으로의 경제활동은 상품보다는 인간을 판다. 회사도 개인도 스토리텔링을 어떻게 하느냐에 따라서 고객의 마음이 움직이고 찾는 사람이 달라진다.

영업은 1인 창업이다. 모든 것을 알아서 해야 할 것 같아서 힘들 것 같지만 오히려 단순하고 심플한 일이다. 손해 볼일은 없다. 얼마를 벌 것인지 예측할 수 있다. 예측에 나를 맞추면 된다. 가정과 일을 분리할 수 있고, 개인적인 여유시간도 가질 수 있다.

만약에 초기 투자비용이 많고 매여 있어야 하는 음식점은 어떨까? 생겼다가 없어지는 것이 치킨집인데 여전히 또 생긴다. 사업을 할 수 있고 청소도 직업으로 할 수 있다. 무슨 일을 해도 영업을 할 수 있어야 살아남을 수 있다. 어설프게 전단지 몇 번 돌려보고 영업했다고 동업으로 식당을 여는 사원들을 봤다. 결과는 불을 보듯 뻔한 결과이다. 고객을 찾아다니는 것이 힘드니까 앉아서 사람 기다린다는 좋은 발상이지만 손님을 무작정 기다리는 것은 더 큰 고통이라는 걸 모르기에 일어난 일이다. 상품만 파는 것이 아니다.

삶은 나를 파는 일이다. 나를 잘 팔 수 있다는 건 너무나 위대하고 멋진 일이다.

**05**

# 사후관리에 더욱 정성을 다하라

제품을 판매하는 일을 비롯하여 모든 일은 시작보다는 마친 그 이후에 따라서 미래가 결정된다. 일하다 보면 클레임이 걸리고 하자가 생길 수도 있다. 그럴 때 해결처리를 어떻게 하느냐가 너무 중요하고 시작이다. 마무리가 시작이다.

내 경험으로 보면 돈을 먼저 주고 나면 하자가 생겼을 때 나 몰라라 하는 경우가 대부분이었다. 그때부터 연락하기가 어렵다. 마무리도 해주지 않고 우선 새로운 돈 주는 곳으로 옮겨가는 데에 급급하다. 내일이 없고 오늘만 사는 시스템으로 일하는 것이다.

백화점을 이용하는 이유는 가격은 다소 비쌀 수 있지만, 서비스가 좋고 믿을만하고 사후관리가 잘되기 때문일 것이다. 실랑이로 에너지 소비할 필요가 없기 때문이다. 무슨 일을 하더라도 백화점과 같은 자세로 한다면 잘할 수 있다고 생각되었고 실천했다. 늦은 것 같지만 빠른 길이었다. 그렇게 작은 실천을 하다 보니 이루고 싶었던 멀리 있던 큰 꿈도 이뤄가게 되었다.

기회는 많다. 내가 그 일과 사람에게 어떻게 대하느냐가 결과이다.


집을 리모델링 공사한 적이 있다. 공사를 마치기 전에 1억에 가까운 금액을 얼마나 자금이 필요하겠나 싶어서 완불했다. 입금 후 확인해보니 실리콘이 안 돼 있고 문 여러 부분 칠이 빠져 있고 손잡이가 쉽게 떨어지고 이곳저곳에 하자가 있었다. 공사업자에게 연락하니 그때부터는 연락이 안 되었다. 나한테만 그런 것이 아니고 습관일 것이다. 깨끗이 포기하고 불편한 대로 살면서 내가 직접 했다.

한참 후에 갤러리 공사와 사무실 리모델링으로 큰 공사가 필요했을 때 그 업체를 찾지 않게 되었다. 사후관리는 기본인데 기본을 어기고 될 일은 없다. 한 치 앞을 못 보고 눈앞의 이익만 보기 때문일 것이다. 일도 많고 고객도 많다. 일의 시작은 판매한 다음이다.


너무 아파서 고통스러우면 아무리 좋은 제품이더라도 몸에서 받아들이지 못한다. 먹을 수가 없다. 모든 사후관리란 아프지 않도록 예방해주는 것이 가장 중요하고 먼저 해야 할 사후관리라고 생각된다. 사람 몸도 기계와 같아서 많이 쓰기만 하면 마모된다. 그렇게 되지 않도록 그 방법을 알리는 것이 문자, 카톡 여러 가지 알림이다. 답장에 연연하지 말고 꾸준히 알리고, 또 전하면 된다. 알려도 답장은 오지 않아도 다 보고 있다. 그 자리에 오래 서 있는 것만으로도 믿음을 줄 수 있고 안정감을 줄 수 있다. 내가 아직도 일하고 있다고 여러 가지 방법으로 꾸준히 알려주는 것이 기본 성실이다. 여기서부터 시작이다.

바위도 모래가 모여서 된 것이고 큰 나무도 작은 씨에서 시작되었다. 남이 하는 것을 보면 나는 어떻게 하고 있는지 볼 수 있고 알 수 있고 개선할 수 있게 된다.

일이 안 되는 것이 아니고 관리가 안 되는 것이다. 고객이 클레임을 걸어온다는 것은 나를 힘들게 하는 반품이 아니고 더욱 확실하게 부족했던 설명과 제품력을 알게 해줄 기회이고, 나의 진정성을 알릴 찬스다. 이론적인 말이 아니고 경험으로 알게 된 기회이다.

요즘처럼 빠르게 변화하는 시대에는 나이가 젊어도 스트레스, 전자파, 휴대전화 등으로 눈과 뇌에 무리가 갈 수밖에 없는 것이 현실이다.

하물며 초고령화 시대에 나이가 들어가면서 뇌세포는 당연히 줄어들게 되고 시력과 기억력은 점점 약해져 간다. 더 심해지는 현상이 치매이다. 노화를 늦출 방법은 뇌에 영양소 공급을 꾸준히 해주어야 한다는 걸 알기에 뇌와 눈에 도움 되는 3개월에 24만 원이면 1달에 8만 원 하는 알브라이트라는 제품을 68세의 어머니께 판매했다. 다음날 며느리와 딸이 서슬이 퍼래서 따지러 달려왔다. 나이 드신 분에게 강제로 판매했다는 것이다. 그분들로서는 당연히 그렇게 생각할 수 있고 맞는 말이다. 나로서 보면 귀찮은 클레임이라 생각될 수 있다. 이럴 때 나는 '만나고 싶어도 만나주지 않을 사람들이 나를 만나러 온 것은 큰 기회구나.'라고 생각한다. 그럴 수 있다고 인정해야 한다. 언제나 고객이 짜다 하면 짠 거다. 아니라고 내 입맛에 싱겁다고 우기면 사람 잃고 돈 잃는 것이 사람 관계이다.

흥분하지 않고 차분하게 '자연의 혜택을 인류에게'라는 기업 철학, 어떻게 농사짓는지, 원료는 어떤 것을 쓰는지, 연구는 누가 어떤 방법으로 하는지, 상품은 어떻게 해서 우리 손에까지 올 수 있는지에 대해서 설명하고 내가 일하는 이유와 목적에 관해서 설명했다.

지적 수준이 높은 그녀들은 나의 진정성 있는 설명에 마음의 문이 열리면서 속에 있었던 말을 꺼내놓았다. 68세 어머니의 며느리는 결혼 전에 간호사로 병원에서 근무했었고 1녀 2남을 둔 전업주부였다. 함께 방문한 딸은 LG라는 대기업에서 근무했던 엘리트였다. 긴 세월의 나의 경험을 짧은 시간에 전달했는데 함께 일해 보기로 마음을 정하고 정착되어 함께 일하게 되었다. 한 가지 사례지만 현장에서 이런 일은 무수히 많다.

미향 씨(며느리)는 누구보다 열정이 많았고, 똑똑하며 열심히 일했다. 예쁘고 차분한 한 희숙 씨(딸)는 500만 원 학원비를 들여 메이크업을 가르쳐서 메이크업과 화장품 교육 강사로 일하도록 길을 열어주었다.

아이를 키우면서 전업주부로 살던 한 사람 한 사람 달란트를 찾아내도록 도와주며 함께 뛰다 보니 어느새 사람들이 몰려들었다. 일복이 가장 큰 복이라는 것을 알고 사람을 좋아하다 보니 많은 사람의 일자리 창출로 이어지게 되었다.

그때부터 희숙 씨는 동네 20대, 30대 주부들을 수십 명씩 초청하여 함께 일하며 당당하고 멋지게 나날이 발전해갔다. 클레임이 없었다면 한 사람의 삶이 변해가는 보람 있고 가치 있는 일로 연결되는 일도 없었을 것이다.

사후관리는 판매의 시작이고 모든 일의 기회이다. 이론 같고 고리타분하게 들릴 수도 있지만, 문제를 어떻게 보느냐에 따라서 결과는 많은 차이로 나타난다.

사후관리로 만난 미향 씨는 대리점에서 만근 시상이 걸려 있는 달에 주말을 이용하여 제주도 가족여행을 갔다. 태풍으로 비행기가 못 떠서 하루 결근하게 되었다. 휴대전화도 없던 시절 제주도 시외전화를 걸어와서 천재지변이니까 만근 상 주어야 한다고 열변을 토하며 나를 설득했다. 그런 상황에서도 전화까지 하는 모습이 예쁘고 웃음이 나왔다. 누군가의 열정이 사람들에게 행복으로 전달된다.

미향 씨는 목표를 정하면 해내는 승부욕과 열정이 아름다운 사람이다. 명절이 되면 우리 집 경비실에 커피를 좋아하는 나를 위해 예쁜 찻잔을 맡겨놓고 가기도 했고, 고기를 갖다 놓기도 했다. 우리는 서로서로 사후 관리를 해주는 것이다. 꾸준히 해주다 보면 세월이 아무리 흘러도 잊을 수 없는 만남이 된다.

나에게 제품을 사주는 사람에게는 당연하고 모든 인간관계는 사후관 리이다. 사후관리를 모른다면 무슨 일을 해도 눈앞의 일로 허덕일 것이 고 만족한 성과를 내기도 어렵다. 모든 일에는 이렇게 사후관리가 필수 이다. 클레임이 왔다면 충분한 설명이 안 된 것으로 생각하고 즉시 소통 해야 한다. 돌아선 고객을 되돌리는 것은 신규고객 창출보다 더 큰 비용 과 시간을 지급해야 한다. 잠시만 소홀해도 고객은 다른 곳으로 눈을 돌 리고 있다.

'버스가 떠나면 신작로엔 먼지만 폴폴 날린다.' 나는 이 말을 기억한다.


인간에게는 위기의 순간이 많다. 이만큼 했으면 되겠지? 알겠지? 이 제 좀 편히 살아야지 하는 순간 또 불편한 일이 나를 잡는다. 그 일을 예 방하기 위해서는 하루, 하루 사전 관리, 사후관리에 시간을 쓴다. 그렇게 하기 위해서는 기록으로 남겨야 한다. 적자생존! 적는 자만이 산다. 펜은 머리보다 강하다.

제품 복용 방법, 변화된 몸 상태, 세밀하게 점검해주면 줄수록 신뢰가 쌓이고 재구매로 연결된다. 특히 명현현상은 없던 뾰루지가 튀어나올 수 있고 설사가 날 수도 있고 나른해질 수도 있고 몸이 가벼워지기도 하고 아무런 반응이 없을 수도 있다. 여러 가지 증상이 나타날 수 있기에 복용 전과 후를 잘 관리해주어야 한다. 잠시만 소홀해도 제품이 맞지 않는다고 생각하고 급하게 다른 제품이나 방법으로 바꾸려 할 수 있다. 제품을 잘 쓸 수 있도록 세심한 관심과 설명이 필요하다. 특히 몸이 아프거나 많이 불편한 사람은 빨리 좋아지고 싶어서 마음이 급해진다. 더욱 세심하게 마음을 함께해야 한다.

진정으로 나를 챙겨주고 걱정해주고 길을 열어주는 사람을 누구나가 신뢰하고 좋아하게 되는 것이다. 그때부터 마음을 얻을 수 있다.

장사꾼은 보이는 것을 팔고 사업가는 보이지 않는 것을 판다. 사후관리를 잘한다는 것은 가장 기본이 되는 나의 실천이어야 한다.

**06**

# 상품의 전문가가 되어라

내가 먹는 것이 '나'이다. 먹는 것이 몸매다.

내가 먹고 판매하는 상품은 내 몸에 들어가서 피를 바꾸고 세포를 바꿔주고 유전자에 영향을 주며 뼈와 치아, 관절, 신경, 호르몬 오장육부 등 머리끝에서 발끝까지 관여한다는 것을 알게 되었다. 판매하기 전에 안전한 제품인가? 많이 먹어도 되는가? 제대로 알아보고 공부해서 먹고 전달해야 한다고 생각되었다. 그때부터 밤을 새우며 공부하다 보면 창밖이 훤해지는 날이 많았다. 제품에 대해서 제대로 알고 나니 자신감과 당당함이 생겼다. 그래도 현장에서 일하며 모르는 것이 많았다. 모르는 것은 모른다고 말하며 다시 알아 오겠다고 했다. 끝이 없는 것이 공부라는 걸 알게 되었다.

우리는 하루에 오만가지 생각을 하고 음식으로 먹는 식물은 만 3천 종류가 된다고 한다. 흔히 사람들은 신토불이(身土不二)를 먹어야 건강해질 수 있다고 알고 있다. 반만 아는 것이다.

신토불이란 무엇인가? 신토불이란 몸과 흙은 다르지 않다는 뜻이다. 흙에 들어있는 영양성분과 사람 몸에 필요한 영양성분은 같다는 말이기도 하다. 그렇기에 흙에서 자라난 것을 먹어야 한다. 신토불이란 각자 맞는 토양과 기후가 조건이 맞아야 신토불이라고 할 수 있다. 열대과일은 열대지방에서 자라야 영양분이 충분하게 들어 있을 수 있기에 열대지방이 신토불이이다. 차가버섯의 신토불이는 사계절이 뛰어난 우리나라에서 자랐다고 해서 신토불이가 아니고 러시아의 영하 40도의 혹한 추위에 자란 차가버섯이 신토불이 차가버섯이 된다.

내가 판매하는 알로에 신토불이 첫 번째 조건은 연평균 23도 이상의 열대지방에서 키워져야 한다. 두 번째 조건은 우리 인체의 4%가 필요한 미네랄이(칼슘. 마그네슘, 셀레늄, 칼륨, 인, 크롬, 게르마늄, 나트륨, 아연, 철분, 요오드 등) 풍부한 토양에서 자라나야 한다.

면역력에 도움 되는 다당체 함량이 높아지려면 기후와 토양의 조건이 맞아야 한다. 사계절이 뚜렷한 우리나라에서 비닐하우스로 키우는 것은 알로에 신토불이가 될 수 없다.

알로에는 생명력이 강해서 더우면 더울수록 강해진다. 반대로 추우면 얼어 죽는다. 또한, 95%가 수분이고 0.5%만이 다당체인 알로에 성분 중에서 분자량이 중간인 중간다당체를 추출해서 쓸 수 있는 연구와 기술력이 중요하다. 이러한 조건이 충족된 알로에가 신토불이 알로에이다.

홍삼 또한 게르마늄이 풍부한 토양 금산, 개성, 풍기, 지역에서 재배한 인삼이 홍삼으로 변했을 때 사포닌 함량이 높다. 예부터 이곳에서 자란 인삼을 고려인삼으로 최고로 알아주었다. 현대에는 토양이 오염되고 농약 수치가 높은 농사 방법에서 인체에 필요한 영양소 추출을 어떻게 해서 흡수력을 높이느냐가 관건이다.

만성질환을 앓은 사람 10명 중 4명은 사포닌 흡수가 안 되기에 사포닌 역시 어떤 제품이 표준화와 흡수력의 조건을 갖추었느냐가 중요하다. 필요한 조건이 충족되는 것이 신토불이 조건이다.

역사적으로 신비의 식물 알로에는 6천 년 전 이미 치료제로써 이용되어 왔다. 알로에의, 약리적 효능이 구체적으로 기술된 것은 1세기경으로 로마 폭군, 네로 황제의 주치의였던 의학자 디오스코리데스가 쓴 것으로 알려진 '그리스 본 초'라는 책이다. 이 책에는 '알로에는 몸을 튼튼하게 하고 배를 편안케 하며 위를 정화하고 변을 부드럽게 한다.'라고 쓰여 있다. 또한, 건조된 알로에 분말을 상처에 뿌리면 상처가 아물게 하고 항문의

종기나 엉덩이 피부병을 비롯해 질의 출혈과 눈 주위의 옴이나 눈꼬리의 가려움을 낫게 한다고 밝혔다.

예수님의 장례식에서도 쓸 만큼 알로에는 동서양에서 귀한 약제로 이용되어왔고 우리나라에서는 허준의 동의보감에서 그 약리작용을 적고 있다. 동의보감에서는 어린이의 오감(五感)을 치료하고 삼충(三蟲)을 죽이며 치루와 옴과 어린이의 열성경련을 다스린다고 적혀 있다. 이런 알로에가 현대에서 약리작용이 새롭게 과학적으로 속속히 밝혀지면서 세계 20여 개국의 약전에 실려 있다.


5백여 종의 알로에 중 현재 약용으로 사용하는 것은 6, 7종에 불과한데 우리나라에서 주로 이용되는 것은 베라, 아보레센스, 사포나리아 등이다. 고대 문헌에 나타난 알로에 약리작용 중 첫 번째로 꼽을 수 있는 것은 상처치유 효과다.

알로에의 상처치유는 혈관생성물질이 함유되어 있기 때문이라는 것이 전문가의 분석이다. 부산대 자연과학대 김규원 교수(현 서울대. 한국 혈관 신생 연구회 회장 역임. 대한 분자생물학박사)는 "알로에는 손상된 세포를 신속하게 재생시키는 성장인자로서 작용한다."라며 특히 "간세포, 현관 내피세포, 위궤양으로 손상된 위점막, 피부궤양, 화상, 여드름 상처 개선 효과가 확인되었다."라고 밝혔다. 이러한 연구 결과로 만들어낸 제품을 나는 쉽고 편하게 판매하고 있다.

정세영 교수(경희대)는 "이 연구는 알로에 추출물 중 한 성분이 암을 안전하고 효과적으로 치료할 수 있도록 도와주는 항암치료 보조제로의 개발 가능성에 대한 기대를 높이고 있다."라며 연구결과를 평가했다. 이밖에 알로에는 당뇨 및 합병증 예방 및 치유에도 효과적인 것으로 나타났다. 알로에의 당단백은 인슐린 분비 세포를 강화하여 혈당을 낮춤으로써 당뇨를 개선한다는 것이다. 또한, 알로에의 혈액순환 촉진 작용으로 췌장의 혈액순환을 도와 췌장 기능을 회복하고 당뇨합병증 예방에도 효과적이라는 것이 전문가들의 견해이다. 이외에도 알로에는 알레르기 예방 및 치유, 피부 보습 및 미백 작용 등 다양한 약리작용이 있는 것으로 나타났다.

이 같은 알로에의 약리작용에 관한 다양한 연구 결과를 인체에 직접 적용하기에는 다소 무리가 따르기는 하지만 만성질환을 예방하는 21세기의 약용식물로서 주목받을 수가 있는 다양한 가능성이 제시되고 있다. 알로에 미백 성분은 화장품 업계에서 1997년 최초로 장영실상을 받았다. 지금은 '에스티로더'라는 화장품 회사에 원료를 수출하는 회사가 되었다.

공부하면 할수록 제품에 대한 신뢰가 생기며 자신감 있게 누구에게도 권할 수 있다.


지금도 그렇지만 그 당시에 연구는 한강에 돌을 던지는 것과 같았다고 한다. 결과가 없을 수도 있는 것에 수억 원의 돈을 투자해야 했기 때문이다. 유니베라(남양 알로에) 연구진과 우리나라 세계 10대 석학 노화 권위자 유병팔 박사(당시 미국 텍사스 의과대학)는 1988년부터 "알로에 노화 연구 프로젝트"를 시작했다. 알로에의 노화 연장 가능성 입증을 과학적인 데이터에, 효능 효과를 밝혀내기 위해 최첨단 연구 기자재 도입, 알로에 연구팀 발족 등 알로에 과학화를 위한 연구개발에 주력했다. 지금도 유니베라(남양 알로에)는 매년 매출액의 10%를 연구 개발비로 지원하고 있다.

알로에 연구재단의 주축이 되는 연구원인 John P.Heggers박사(미국 텍사스 의과대학)는 그동안의 연구결과를 지금으로부터 30년 전 1991년 10월 남양 알로에에서 개최한 천연 약물학 국제학술대회에서 알로에의 세포재생 효과, 화상 치료, 표준알로에 판별법 등의 논문을 발표하여 국내 언론계와 학계의 비상한 관심을 모았다. 이 프로젝트는 지난(1997년) 9월 그 결과가 발표되면서 상당한 반향을 불러일으켜 주목받고 있다. 우선, 흰쥐 360마리를 실험대상으로 알로에를 장기간 복용시키면서 노화 현상을 연구한 이 프로젝트의 결과를 살펴보면 다음과 같다.

첫째, 알로에를 복용한 집단은 복용하지 않은 집단보다 노화 속도가 약 15~20% 지연되었으며

둘째, 각종 질병의 발생률이 현저히 낮아 악성종양은 10.8%, 백혈병은 16.7%, 만성 심장질환의 및 심근질환은 13.4% 감소했으며 특히 신장 질환은 55.5%나 감소하였다.

셋째, 오래 복용해도 인체에 해가 없다.

넷째, 체중과 식사 등에 영향을 미치지 않는다는 사실도 밝혀내는 등 알로에의 노화 연장의 가능성이 입증되었다.

2016년에는 이종길 충북대 교수가 '알로에 소재 PAG(알로에 면역 다당체)의 대장암 발생억제 효능'을 논문을 통해 밝혔다. 암 유발 화학물질을 실험용 생쥐에 주사한 후 PAG를 투입 후 분석했다. 그 결과 PAG(알로에 면역 다당체)는 장 속에서 헐거워진 점막들을 탄탄하게 해주고 다양한 면역 세포를 활성화해 장내 염증이나 용종을 줄여주는 것으로 확인되었다.

또 PAG는 면역계의 활성화를 통해 분비된 특정 사이토킨(신체 방어 체계를 제어하는 신호 물질)이 골수에서 피를 만들어내는 작용을 촉진해 암세포와 싸울 수 있는 백혈구를 생성한다는 것도 밝혀냈다.

23년간 진행된 산악공동체 CAP(알로에 신약 연구개발 프로젝트. Creation of Aloe Pharmaceuticals )을 통하여 2013년도에는 알로에가 면역력을 증진한다는 연구 결과를 국제 학술지에 발표하기도 했다. 알로에 면역을 담당하는 대식세포의 생성을 촉진 시키고 비정상 세포를 공격하는 수지상세포의 활동 기능을 높인다는 내용이다. 또한, 알로에는 항인플루엔자 효능과 알레르기 억제효능도 연구 발표했다.

요즘 같은 코로나 팬데믹 선언 (WHO. 세계보건 기구에서 감염 도의 위험도 6단계에서 선언)이 선언된 현실에서 면역은 아무리 강조해도 부족하기에 각 개인이 위생과 면역에 힘써야 한다. 일찍이 건강과 아름다움을 전하며 살 수 있었던 것은 나에게도 나를 아는 사람들에게도 큰 행운이다. 일을 사랑하고, 사람을 사랑하며 일하려는 이유는 그 만큼 가치 있는 일이기에 가능했다. 대한민국이 면역 강국이 되는 그날까지 최선을 다하며 살아야겠다.

# 집안 경조사 챙기며, 또 다른 가족이 되어라

현대에는 형제, 자매가 있는 사람이 적다. 바쁘게 살다 보니 가까운 사촌, 친척과의 왕래도 없어지는 시대에 살고 있다.

'멀리 있는 친척보다 가까이 있는 이웃이 낫다.'라는 말이 예전에도 있었지만 요즘 같은 핵가족 시대에는 더더욱 그렇다. 친척은 말할 것 없고 형제지간도 멀리 떨어져 있다 보니 자녀의 결혼식이라든지 특별한 일 아니고는 갈수록 왕래가 줄어들고 있다. 같은 일을 하는 동료와 자주 만나게 되고 자주 만나다 보면 정이 들고 가까워지는 것이다. 가깝다는 것은 소중한 관계가 되는 것이고 소중하니 챙기게 되어 있다. 살다가 가끔 힘든 일이 생겼을 때 그냥 옆에서 들어주기만 해도 힘이 될 때가 있다. 아무것도 하고 싶지 않을 때도 밀어주는 덕분에 억지로라도 일어설 수 있을 때도 있다. 그래서 사람은 함께 비비며 살아가야 하나 보다. 만남은 소중하다. 좋은 만남이 되도록 서로가 노력할 때 오래도록 이어갈 수 있다.

일하면서 생겨난 좋은 습관으로 1년을 시작하는 달력이 나오면 나에게 모든 중요하고 소중한 사람들의 경조사를 빼곡히 적는다. 고객 카드에도 모든 경조사를 적어놓는다. 농부가 밭을 갈고 때에 맞춰 씨를 뿌리는 농사계획을 세우듯이 나에게 경조사 챙기는 기록은 농사이다.

기억력보다는 펜이 강하다. 1년간의 사람과 정을 주고받을 수 있는 만남의 씨를 뿌리는 농사이다. 기본적으로 설, 추석 명절은 내가 판매하는 제품 중에서 평소에 관심 있어 했던 제품을 메모해 놓았다가 마음을 전한다. 과일, 고기 등 과자 세트로 취향에 맞추어 마음을 전하며 챙긴다.

자연스럽게 자주 만날 수 있는 사람이 마음으로도 가까워지고 또 다른 형태의 가족이 되는 시대에 살고 있다. 주관적일 수는 있지만, 하루하루의 소소한 일과 늘 만나는 사람에게 최선을 다하려고 한다.

항다반사로 누구에게나 있는 일들 생일, 입학, 수능시험, 집들이, 출산, 자녀의 결혼, 등 그 외에도 만들면 다 좋은 경조사가 된다. 특히 상을 당했을 때는 더욱 몸과 마음으로 슬픔을 상주와 함께하려고 했다. 덕분에 나에게도 살아온 날을 뒤돌아볼 수 있는 시간이 되곤 했다.

나를 만나는 누구든지 작은 선물이라도 준비해서 마음을 전하는 습관을 실천했다. 반드시 지키는 것은 생일은 꼭 챙겼다. 항상 작은 글이라도 손 편지로 썼다. 나는 잊어버리고 있지만 지금도 누군가의 가슴에는 나의 마음이 담긴 글귀가 기억되고 있을 수도 있을 것이다. 선물로는 내가 받았을 때 좋았던 과일 바구니와 지갑을 선물하길 좋아했다. 또 아이가 초등학교 입학할 때는 책가방, 옷 등을 선물하였다. 이사할 때는 그릇 세트, 가전, 살림 용품 등을 선물하고 임신을 했을 때는 임산 부복, 태교에 좋은 CD, 출산 후에는 아기 이불 세트, 모빌 무궁무진하다. 돌이나 백일 금반지, 옷, 보행기 필요한 것이 무엇일까 의논해서 필요한 것을 해준다. 막상 선물을 고를 때 항상 생각했던 금액보다 초과하게 되었다. 조금이라도 더 좋은 것을 주고 싶었던 마음에서였다. 선물을 고르는 내 마음이 더 행복한 시간이다.

생일 챙길 사원이 많아지면서 달별로 그달의 맨 처음 생일인 사람에 맞추어 생일잔치를 했다. 여름에는 수박에 초를 꽂아서 케이크로 사용했다. 여름에 제 맛인 기정 떡을 쌓아 놓고 고깔모자를 쓰고 많은 동료의 축하를 받으며 선물을 한가득 받는 이벤트를 했다.

주고 싶고 챙겨야 할 사람이 너무 많다 보니 가끔은 가족의 기념일을 놓친 적도 있다.

저녁에 퇴근하여 텔레비전을 보고 있는데 "아!!! 오늘이 우리 아기 생일이었네…." 벌떡 일어나서 케이크를 사고, 미역을 사서 국을 끓여서 늦은 생일상을 차렸다. 저녁에라도 생각나서 다행이었지만 지금도 그 생각만 하면 딸에게 미안하다.

일하지 않았더라면 주는 기쁨이 얼마나 행복한 일인지 못 느끼고 살았을 것이다.

여행지에 가서도 떠오르는 사람이 있다. 아, 이걸 선물하면 어울리겠다. 그 사람에게 맞는 제품과 장소가 있는 것이다. 스카프를 보면 스카프 좋아하는 사람이 떠오른다. 사놓았다가 경조사에 선물하게 되고 과자가 유명한 곳에 가면 과자를 좋아하는 사람이 생각난다. 좋은 것을 보면, 맛있는 것을 보면 떠오르는 사람이 있다. 그 사람이 나에게 소중한 사람이고 사랑하는 사람이고, 가족이다.

나에게는 보물 창고가 있다. 평소에 지나다가 예쁜 것들이 보이면 사서 모아 두는 곳이다. 누구든지 만나러 갈 때 주려고 모아놓은 선물이 있는 곳이다. 나 역시 준 것은 생각이 안 나지만 받은 것은 다 생각난다. 편지를 주고 물건을 선물하고 받은 사람은 기억하게 되어 있다. 그래서 받는 것보다 주는 것이 행복하다는 말이 있나 보다. 주는 사람이 이기는 사람이다. 사랑에서 승자이다. 선물을 준다는 것은 상대방이 나에게 소중한 사람이라는 마음을 전달하는 것이고 받는 사람도 마음을 알게 된다.

어렸을 때 엄마는 남의 집을 방문할 때 빈손으로 보내지 않으셨다. 뭐라도 꼭 들고 가도록 했다. 그때는 별거 아닌 것처럼 보이던 것을 들고 다니는 것이 창피하기도 하고 싫었다. 지금은 시장 지나다 생각나는 사람이 있으면 생선 몇 마리라도 들고 가서 나눠주고 길을 같이 가게 되면 빵이라도 사서 들려 보내는 것이 습관화되었다. 나는 정장을 쫙 빼입고 길거리에서 할머니가 농사지은 나물거리를 잘 산다. 사서 검은 봉지에 넣어서 들고 나눠줄 수 있다는 것이 얼마나 소중한 일인지 아는, '철이 든' 것이다.

작은 경조사라도 지나치지 않고 마음과 함께 성의 표시를 하면 내가 가족처럼 다가가는 것이다. 사람을 가깝게 얻는 방법 중 제일 쉬운 방법은 주는 것이다. 생각하면 줄 것은 많다.

성경에도 '돈을 써서 친구를 얻으라.'라는 말이 있듯이 시간을 주고, 웃음을 주고, 희망을 주고, 지식도 주고, 선물도 주는 것은 '당신은 나에게 소중한 사람입니다.'라고 표현하는 방법이다. 이런 만남을 통해서 고객으로 만났지만, 가족이 되는 것이다. 어려움에 부닥쳐 있을 때 말 한마디는 듣는 상대방에게 희망이 생기기도 하고 돌파구가 되어 새롭게 시작할 수 있는 용기도 생긴다. 누구나 자신의 기념일을 대단히 소중하게 생각하기에 그날을 작은 관심 하나하나가 쌓여 친구가 되고 가족이 되기도 한다. 자주 만나고 좋은 일 안 좋은 일을 함께할 수 있는 사람이 가족이 되는 것이다.

영업하면서 만난 사람도, 여행지에서 만난 사람도, 처음에는 고객으로 만났다가 마음이 통하다 보니 오래도록 가족처럼 지내게 된다.


딸이 미국 카네기 홀에서 연주할 일이 있어서 들렀다가 뉴욕을 여행하고 캐나다 몬트리올에서 퀘벡까지 여행한 적이 있다. 미국에서 여행 중에 만나서 동생으로 지내게 된 사람이 있다. 동생 집에서 며칠 쉬고 퀘벡으로 이동하기로 했다. 동생은 내가 입은 옷을 보고는 퀘벡은 너무 춥다고 한 번도 입지 않은 자신의 새 패딩과 털 부츠를 선뜻 내주었다. 그 옷을 입지 않고 퀘벡에 갔더라면 우리나라에서 상상할 수 없는 영하의 혹한 추위와 엄청난 눈사태로 고생했을 것이다.

따뜻한 옷과 신발 덕분에 정말 고마웠다. 지금도 가족처럼 만나고 있다. 특히 우리 딸과 더욱 마음이 통하여 미국과 한국을 왕래하는 가족이 되었다. 건강 이상이 생겼을 때 미국까지 수십만 원의 택배비를 지급하면서 제품을 보내주었다.

그 이후로 건강이 회복되어 한국에 왔을 때는 내가 판매하는 화장품부터 제품을 사랑하는 고객이 되었다. 동생은 눈이 너무 시려 운전하다가도 길가에 차를 대고 눈을 감고 있거나 인공눈물을 달고 살 정도로 눈이 좋지 않았다. 하지만 내가 약을 추천했고 점차 차도가 있게 되면서 정말 고마워했다. 이런 과정을 지내면서 이제는 너무 소중한 가족이 되었다.

경조사를 비롯하여 눈에 보이는 대로 배려하고 챙기는 것은 특별한 것이 아니고 생활이다. 받기 위해서도 아니고 지금까지의 함께 해준 것에 대한 고마움의 표현이다. 억지로 부담스럽게 하는 것은 서로에게 부담이다. 내가 해준 것에 기대도 하게 된다. 특별한 날은 특별히 챙겨야 하지만 그 외에는 가볍게 가볍게 챙기며 살아가는 것이다. 습관이 되면 잠깐만 생각해도 할 수 있다. 분명한 것은 받는 사람보다는 주는 사람이 행복하다는 것이다.

영업이라는 일을 한다는 것은, 좋은 사람으로 성숙 되어가는 습관을 만드는 선순환의 시작이 되었다.

## 08
# 질문과 경청으로 소통하라

커피 향기가 은은하게 퍼지고 꿈을 꾸며 꿈을 이루어가는 사람들과 함께하는 사무실을 만들어 가고 싶었다. 내가 일하는 곳은 공간도 좁고 환경이 열악했다. 오래된 건물은 청소하고 촛불을 켜고 방향제를 뿌려도 칙칙하고 습한 공기를 잡아내기 어려웠다. 보험회사, 금융기관을 바라볼 때마다 저 사람들은 어떻게 하기에 저런 곳에 건물이 쑥쑥 올라가게 할 수 있을까? 질문해보았다. 바닥도 반질반질, 청소도 너무 깨끗하게 해서 복도에 그냥 앉아도 먼지가 묻지 않았다. 나도 그렇게 깨끗한 곳에서 일하고 싶었다. 함께 일하는 동료 사원들이 언제든지 편안히 일할 수 있는 깨끗하고 쾌적하며 넓은 공간을 준비해서 함께 일하고 싶었다. 그때부터 꿈을 이루기 위하여 일하는 짬짬이 사무실을 보러 다녔다.

어느 날 교회 꽃꽂이를 하러 가던 길에 평소에 보이지 않던 건물 짓는 현장이 보였다. 나는 되도록 늘 다니던 길보다는 새로운 길로 다니는 걸 좋아했다.

그날도 처음 가는 길로 가보고 있었다. 옆에 보이는 부동산에 무작정 들어가서 질문했다. 저런 건물 사려고 하면 어떻게 해야 하나요? 부동산 사장님은 내가 살 것 같지 않았는지 무심하게 계약금은 얼마고, 현금은 얼마가 필요하고, 대출금으로 나머지 잔금 치르면 하면 된다고 설명해 주었다. 설명을 듣는 내내 머리로는 계산하고 있었다. 대충 짐작으로 계산하니 될 것도 같았다. 일단 저지르는 스타일인 나는 그 자리에서 선금 500만 원을 바로 걸고 몇 억 하는 건물을 계약했다.

늘 넓고 쾌적하고 깨끗한 곳에서 함께 일하고 싶었기 때문에 그 순간 계산하지 않았다. 간절히 원했던 넓고 쾌적한 우리를 위한 공간이 생겼다. 그날 다짐했다. 이곳은 내 것이 아니고 '우리 모두의 공간'이다. 마음 먹은 대로 입주 후에는 열쇠도 책임자에게 주고 언제든지 필요한 사람은 누구든지 맘껏 쓸 수 있도록 오픈했다. 너무 좋아서 날마다 사무실 바닥을 걸레로 닦고, 또 닦아도 힘들지 않았다. 사무실 안에 1,000만 원을 들여 정원을 만들어 계절별 꽃을 심고 나무를 심었다. 커피를 내리고 날마다 간식을 준비하고, 이벤트로 동기부여하고 보람과 가치를 나누며 일했다.

영업이라는 현장에서 만남의 축복으로 만난 사람들에게 좋은 소리만 할 수 없었다. 좋은 사람이기보다는 서로를 성장시키고, 영적으로 육체적으로 살리는 사람이 되고 싶었다. 현실과 이상 사이에서 간격을 좁혀나가기 위해 부딪혀가면서 부단한 노력으로 조금씩 나와 식구들은 성장해갔다. 그 과정에서 중요하게 생각되었던 것이 '경청'이었다.

경청 속에서 수많은 아이디어가 나왔고 탄생한 아이디어는 현실이 되어 사람을 살리는 물질로 변해 갔다. 이십 년도 훨씬 넘은 시절에 매주 수요일에 아무 조건 없이 출근하면 5천 원 상품권을 주었다. 지금은 별거 아닌 것 같지만 그 당시는 받는 사람들에게도 나에게도 어마어마한 결과로 이어져갔다. 많은 사람이 왔을 때 이들에게 어떤 도움을 줄까? 생각했으며 제도가 없던 시절 제도를 만들어 조직에 대한 성과급도 지급해주었다. 여왕상, 성공반, 계절별 축제, 남편가요제, 이 모든 일은 질문하고 경청에서 나온 보물들이었다.

질문과 경청은 나부터 시작되어야 한다. 또한 내가 만나는 사람도 들으면 된다. 이분이 원하는 것은 무엇인가? 듣다가 보면 알 것도 같았다. 나는 어떻게 살고 싶은가? 내가 좋아하는 것은 무엇인가? 누구를 만날 것인가? 무엇을 해야 할 것인가? 지금 잘 가고 있는가? 늘 질문하고 마음의 소리를 경청하면 된다. 내가 맞다 해도 다른 사람들에게 질문해보면 보이지 않던 부분이 보일 수 있다. 다른 사람들을 만나서 들을 때는 마음으로 듣고 무슨 말로 답할 것인가? 생각해서 말하면 된다. 질문과 경청의 오랜 습관은 삶으로 연결되었다.

질문은 누구를 만나도 첫 만남에서 느껴지는 서먹한 관계를 부드럽게 이어주는 좋은 방법이다. 개척할 때 처음 만나는 사람을 보고 가장 먼저 눈에 들어오는 부분을 질문하면 된다.

머리 모양이 예쁘다! 가 눈에 들어오면 '머리 너무 잘 어울리네요. 어디서 하셨어요?' 상대가 너무 좋아하면서 답이 온다. 답은 받은 정보가 된다. 그때부터 대화가 이어진다. 나에게 관심 가져 주는 사람을 싫어하는 사람은 별로 없다. 속으로 다 좋아한다.

고객 상담을 할 때도 질문하면 조금 전 까는지 모르던 사람도 그때부터는 아는 사람이 되는 것이다. 질문은 사람을 가까워지게 만드는 지렛대이다. 질문은 쉽다. 이 동네 사세요? 피부가 너무 좋으시네요. 화장품 어떤 제품 쓰세요? 벽지가 참 어울리네요. 멋있어요. 어디서 구매하신 벽지예요? 그림이 있다면 나도 그림을 좋아하는데 누구 그림이에요? 아이가 있다면 아이에게 관심 있는 질문 몇 학년인지? 좋아하는 관심사는 무엇인지? 질문은 무궁무진하다. 그렇게 질문하고 경청하고 대화를 하다 보면 마음이 열리고 마음이 열릴 때 자신의 얘기를 하게 된다. 누구나 자기를 자랑하고 싶은 마음이 있는데 내가 들어주면 된다.

듣다가 한 번씩 질문하고 듣다가 질문하고 반복하다 보면 고객이 무엇이 필요한지 소통이 되고 답을 줄 수가 있다. 신뢰는 그렇게 쌓여간다.

가족, 친척, 고객 누구를 만나도 질문하고 경청하고 답도 주고 대화하다 보면 일도 관계도 좋아진다. 사람은 누구나 자신이 주인공이다. 주인공으로 대우를 해주면 된다. 그렇게 손뼉 쳐주며 살다 보면 나도 박수 받는 인생이 된다. 이것이 주인공으로 사는 길이다.


대화하던 중에 바쁜 일이 갑자기 생겨 소홀해지면 건성으로 듣는다고 느끼게 되고 순간 상대방은 무시당한다고 생각할 수 있고 그로 인해 반대 결정을 내리는 경우들이 많이 있다.

바쁜 전화라든지 급한 일이 발생하면 '잠시만요.' 양해를 구하고 다른 일을 해야 한다. 일을 마치고 바로 다시 대화를 이어가야 한다. 만약 그날 마무리가 안 되었다면 기록이나 기억해놓았다가 지난번 만남에서 못다 한 말을 반드시 마무리 짓는 습관을 지녀야 한다. 별거 아닌 것 같고 뻔한 말 같지만 의외로 이런 사소한 일로 신뢰가 깨질 수 있고 마음의 문을 닫아버린다. 나는 바쁜 일 처리한다고 동분서주해도 상대방은 자신이 제일 중요하다. 모든 만남이 그렇다.

나는 질문을 좋아한다. 여행지를 가서도 처음 만난 사람에게 질문한다. 질문으로 평생 자매처럼 지내기도 하고 지역의 소문나지 않은 맛 집도 쉽게 알 수 있고, 모르는 길도 고생하지 않고 안내받을 수 있었다. 물건을 살 때도 마음에 든다면 가격을 꼭 묻는다. 설명을 들어보고 마음으로 정한다. 그만한 가치가 있는가? 얼마큼 좋은가? 가격을 알면 판단이 쉽고 선택이 정확해진다. 나 또한 다른 사람이 질문을 해오면 정직하고 성실하게 열 번이고 스무 번이고 답해준다.

같은 길을 걷는 동료들과 함께 이탈리아를 여행한 적이 있다. 어느 날 일행들과 점심 먹던 중에 동료에게 나는 핀잔을 들었다. 왜 뭐든지 가격을 묻느냐고? 여행 일행 중에 예쁜 기념품을 자랑하기에 얼마 주고 사셨어요? 오랜 나의 습관이 나왔다. 차를 구매하든 옷을 구매하든 신발을 사던 가방, 집, 모든 것을 맘에 든다면 가격을 묻는다. 숫자 개념이 0인 내가 주제와 경우의 수를 공부하며 오랜 훈련을 통해서 일도 투자도 책임도 이런 질문 방법으로 하고 있다.

각 분야의 전문가의 말을 들어야 할 때는 경청만 하고 거의 말하지 않는다. 들으면서 생각만 한다. 듣다가 보면 맞지 않는 부분도 느낄 수 있고 생각이 다를 수도 있다. 그러나 듣는다. 말하는 사람은 더욱 힘이 나서 속에 숨어 있던 비장의 무기도 말해준다.

그 속에는 그 사람만의 경험해서 우러나오는 많은 지혜가 녹아 있다. 어떤 선택을 할 것인지만 머릿속으로 정리하면 된다. 결정과 행동은 내

몫이다.

질문과 경청의 목적은 어떻게 내가 가진 가치를 잘 전달할 수 있을까? 이다. 잘 전달 받을 수 있을까? 이다. 그것이 내가 배운 지식이든지 판매하는 제품이든지 가치는 사람들을 행복하게 하며, 이롭게 하기 때문이다.

꿈꾸던 화기애애한 분위기에서 서로 협업하고 상대방을 귀히 여기며 일도 잘되는 조직을 키워가고 싶은 것은 진행 중인 나의 꿈이지만 역부족이다.

그래도 좋다! 행복하다! 할 일이 있어서 좋고, 목표가 있어서 너무 좋다. 누구나 친구 해줄 수 있어서 좋고, 함께하는 사람이 있어서 좋다.

잎이 떨어져야 나무의 본모습이 보이듯이 사람도 어려울 때 진짜 모습이 나온다. 진짜 날고 싶은데 잘 안되고 어려울 때는 하던 일을 꼭 접고 있으면 흔들리지 않을 수 있다. 조용히 생각하며 그 과정을 지나가게 되면서 지혜도 생기고 있는 것도 지킬 수 있다.

돈을 벌려면 손실과 이익은 비례한다는 걸 알아야 하고, 인생도 시소를 타듯이 올라갈 때가 있으면 내려갈 때도 있다. 그래야 다시 올라갈 기회가 왔을 때 기쁨을 만끽할 수 있다. 이것이 이성적이고 합리적인 판단이라 생각한다.

나에게 일은 삶이고 삶은 일이다. 휴일 개념, 시간 개념, 요일 개념 없이 살아온 세월이 오래되었다. 필요한 시간이 정해진 시간이고, 요일이다. 남들이 쉰다고 나도 쉬는 일은 없다. 내가 필요한 시간에 쉬면 된다. 나답게 살면서 성장시키는 것을 게을리하지 않았다. 그렇게 살기위해 질문과 경청은 나로부터 시작되어야 했다. 안에 있는 것이 나오기 때문이다. 질문과 경청은 선택이 아닌 필수이다.

PART 4

★★★★★

# 충성 고객으로
# 만드는
# 8단계 기술

# 01
## 내가 최상의 상품이다

　나는 늘 부탁하는 삶을 살고 있다. 정직한 내 마음과 행동을 표현하는 방법으로 부탁한다. 건강하게 살아달라고 부탁하고, 행복하게 살아달라고 부탁하고, 열심히 일해서 행복한 부자로 살자고, 성공해 달라고, 긍정적으로 살아달라고, 선한 영향력을 끼치며 살자고, 하나님 자녀로 살자고, 나의 주요업무는 부탁이다. 부탁하기로 마음먹은 다음에는 어떻게 하면 부탁했을 때 거절의 횟수를 줄일 수 있을까? 거절을 줄이기 위해서 누구에게든지 잘 보여야 했다. 잘 보이기 위해서 2가지 방법으로 나누어서 습관처럼 실천했다.

첫 번째, 보이는 모습을 잘 보이려면 어떻게 해야 할까? 어떻게 고객이 원하는 것을 해결해 줄 수 있을까?

건강과 아름다움을 원하는 사람에게 잘 전하기 위해서 나는 어떻게 성장해 나가야 할까? 선한 영향력을 끼치려면 어떤 방법을 실천해야 할까? 나도 좋고 남도 좋게 하는 방법은 무엇이 있을까? 이 정도 머무르기 위해서 태어난 건 아닐 건데, 진정으로 원하는 삶을 살기 위해 늘 나에게 던지는 질문이다.

지금 거울 앞에서 내 모습을 비춰보라. 사람들은 '나'라는 상품을 사고 싶은 마음이 생기겠는가? 사람들은 제품은 나중이다. 먼저 나를 보고 제품을 구매한다. 내가 첫 번째 상품이 되는 것이다. 깨끗하고 세련되고 호감 있는 복장을 갖추는 노력을 해야 한다. 보이는 부분은 중요하다. 나는 좋은 옷, 좋은 신발, 좋은 스카프, 나아가서는 좋은 차에 투자했다. 별로 내세울 것 없는 상태에서 백번 말로 나는 이렇게 열심히 가치 있게 사는 사람이라고 설명하는 것보다 준비된 외모는 호감과 신뢰를 주기에 빠르다. 시간이 최고의 자산인 나에게 시간을 벌 수 방법이다.

늘 변함없는 내 모습은 미소 띤 모습이다. 방법도 쉽고 비용도 들지 않는다. 컨셉 또는 계획적이라고 오해도 받은 적도 있지만 나는 늘 웃으려고 했고, 웃었다.

동물 중에서 사람만이 웃을 수 있다. 그런데도 가장 적게 투자하는 시간이 웃는 시간이다. 특권이라는 걸 잘 모르고 있기 때문이다. 얼마나 웃는 사람이 없었으면 웃으면 복이 온다고 부탁했을까? '웃지 않는 자 가게 문을 열지 말라!'는 중국속담이 있듯이 내 얼굴이 가게의 첫인상이고 간판이다. 웃지 않는 얼굴은 청소하지 않은 가게이다. 또한, 구겨진 포장이다. 속에 들어 있는 내용물이 아무리 귀한 것이라 해도 구겨진 모습을 보면 나라도 거들떠보지 않을 것이다.

웃지 않는 것이 이미지 관리가 안 되는 것이다.

웃을 수 있는 마음의 여유는 최상의 상품 조건이다. 웃을 일이 있어서 웃는 것이 아니고 웃다 보면 웃을 일이 줄지어 온다. 누구나 경험해보면 알 수 있다.

일이 잘 안 되어도 얼굴엔 미소가 늘 있었다. 그런 내 모습을 보는 사람들은 나는 아무런 근심, 걱정 없는 편안한 사람으로 생각했다. 그러면 되는 거다. 힘들다고 인상 쓰고 다닌다고 나를 좋아해 줄 사람도 없고 일이 해결되지도 않는다. 웃는 얼굴이 얼마나 중요하면 돼지 머리도 웃고 죽은 돼지 머리 가격이 비싸고 잘 팔린다. 나는 사람인데 웃는 것은 기본이 되어야 한다. 웃지 않는 얼굴을 하면 상품 가치가 떨어진다. 웃다 보면 주변 사람들과 화목하게 되고 화목하면 정신력이 향상되는 거다. 웃다 보면 협업할 수 있다. 협업하면 인격적으로 무시당하지 않고 대우받게 된다.

지금 당장 실험해보라 인상 쓰면 기분이 금방 나빠진다. 기운이 쭉 빠지게 된다. 기분을 금방 좋게 하는 방법으로 어떤 일 앞에서도 일단 웃고 본다. 이빨을 약간만 보이고 씩 웃는다. 항상 웃는다. 먼저 웃는다. 빙긋이 웃는다. 활짝 웃는다. 소리 내어 웃는다. 박장대소하며 웃는다. 그렇게 하다 보면 여유도 생기고 긍정적인 해결 방법도 생긴다. 뇌를 속이는 방법으로 웃으면 뇌는 좋은 일이 있는 것으로 인식해서 계속 좋은 일을 만든다는 과학적인 증명이 있다.

일을 시작하면서 알게 되었다. 나는 그렇게 기억력이 좋은 편이 아니라는 사실을, 순간을 모면하기 위해, 잘난 척하기 위해 공주 과가 되기 위해 속이지 말고 정직하자!

누구를 만나도 있는 그대로 마음을 표현했다. 나는 멋있게 살고 싶어요! 일 잘 하고 싶어요! 써보고 좋으면 필요할 때 구매해주세요! 구매 후 좋으면 소개해주세요! 소개해주면 선물로 보답했다. 왜 내가 판매하는 제품을 사야만 되는가? 정직하게 설명했다. 건강은 예방이 최고이다. 면역력을 높여야 한다. 그래서 천연물이 필요하고 분자생물학 시대다. 추출물을 먹어야 한다.

일이란? 누구나 내가 하는 일을 통해서 사람들의 문제를 해결해주고 그 대가로 이익을 얻는 것이다. 그렇게 꾸준히 하다 보면 재미도 있고 보람도 느끼면 행복감도 느낄 수 있으니 큰 기쁨으로 이어졌다.

새의 다리가 짧다고 나무랄 것이 아니고 학의 다리가 길다고 자를 필요도 없다. 그 자체를 좋게 보면 웃을 수 있다. 내가 먼저 웃을 수 있을 때, 웃는 사람이 내게 온다. 다 안다. 누가 먼저 실천하느냐에 따라 나의 상품 가치가 달라진다. 내가 먼저 웃으면 된다. 내가 디딘 발자국이 뒷사람에게는 길이 된다.

웃음과 함께 자동으로 오는 것은 인사이다. 다산 정약용 선생님이 어른답게 살기 위해서 처음을 되돌아보면서 '소학(小學)'을 공부했다고 한다. 소학의 대표적 가르침은 인사와 정리 같은 작고 사소한 일이다. 내가 최상의 상품이 되기 위해서 기본은 웃는 얼굴로 인사하는 데서 시작된다. 웃으면 화목하게 되고 화목하다 보면 정신력도 향상된다.

두 번째로 보이지 않는 부분의 나를 최상의 상품으로 키우기 위해서 공부를 게을리하지 않았다. 동기 부여되는 말, 살리는 말, 도전하는 말을 듣거나 보면 메모해서 다른 사람에게 전하는 데 게을리하지 않았다. 때로는 편안히 누워 텔레비전을 보고 있는데 TV에서 에너지 넘치는 말이 나오면 메모지를 꺼내서 적었다. 정말 하고 싶지 않을 때도 했다. 스승님께 늘 모르는 것, 막히는 것을 질문하면서 배웠다. 늘 다양한 사람들을 만나는데 부딪치는 부분이 너무나 많다는 것을 알게 되었고 배워도 배워도 부족하다는 것을 알게 되었다. 이론적인 병태생리, 제품 교육도 게을리하지 않았다. 어느 장소 어디에 서도 잠시 생각을 정리하면서 첫 말만 꺼내면 줄줄 나오게 되기까지 노력하였다.

고객이 귀한 시간과 돈을 지급하며 먹고, 바르는 대가를 귀하게 생각하고 준비하여 만났다.

고객이 짜다면 짜고, 싱겁다 하면 싱거운 것이다. 아니라고 우기는 순간 만남은 끝이 된다.

아 그렇군요. 그럴 수 있습니다. 저도 그런 적이 있어요. 공감대로 맞장구를 쳐야 한다.


'죽고자 하는 자는 살고 살고자 하는 자는 죽는다.' 이 말의 뜻은 쉽고 편하고, 습관화되어 굳어진 어제의 모습을 버리는 사람은 죽는다는 것이다. 그런 사람은 재창조돼 새롭게 태어나서 성공하고 행복하고 평안한 사람으로 변해서 살아가는 것이다. 타성에 젖어서 오늘이나 내일이나 변함없이 살다 보면 서서히 시들어 갈 것이다. 내가 하는 일이 살리는 일이기에 최고의 상품이라는 노력과 믿음이 있었다. 언제나 당당하고 솔직하게 부탁할 수 있었다. 지속해서 부탁하는 것이 당연한 일이었고 부탁은 작은 씨앗이다. 씨앗이 커서 나무가 되고 꽃도 피고 열매가 열린다. 세상의 모든 일은 씨앗에서 시작된다. 씨앗 없는 열매는 없다.


태어나면서부터 하는 사람을 성현이라 한다. 아주 드문 사람이다. 배워서 아는 사람을 천재라고 한다. 아쉽게도 대부분 사람은 배워서도 안 된다. 그런데도 욕심이 한이 없는 것이 인간이다. 다른 사람을 위해서 그 사람을 걱정해서 말해주고 일하는 것 같았는데 지나고 보니 나를 위해서 한 것이었다. '예 맞습니다.'라는 추임새! 누구든 말하면 추임새 눈으로 보느냐 마음으로 보느냐 눈으로 보면 반밖에 못 본다. 마음으로 보면 반 이상 볼 수 있게 된다.

# 02

# 내가 미리 판단하지 마라

아무것도 정해진 것은 없다. 시간이 지나면서 모든 것은 환경에 따라 기회에 따라 변한다. 그 어떤 것도 정하는 것은 내가 외모와 보이는 것만 보고 사람과 사물을 판단하면 실수하게 된다. 알면서도 쉽지는 않다.

내가 아는 것보다 모르는 것이 많다는 것을 모르고 살았다. 살면서의 경험과 본 것이 전부였음에도 내가 본 것이 바르다고 우기고, 맞는다고 고집부리며 많은 세월을 살았다. 사람은 눈에 보이는 대로 내 수준대로 볼 수밖에 없다. 해가 구름에 가려졌다고 해가 없는 것이 아니다. 나뭇가지가 앙상하다고 그 속에 꽃봉오리가 없는 것이 아니었다.

보이지 않는 것을 볼 줄 아는 것이 실력이고 마음의 크기이다. 미리부터 판단할 것은 단 한 가지, 나는 점점 좋아지고 있다는 것을 아는 것이다.

가장 먼저 나를 판단하지 말아야 한다. 틀을 정하고 선을 그리지 말아야 한다. 내 속에 어떤 달란트와 능력이 숨어 있는지 나는 몰랐다. 그것이 무지이다. 무지함 속에서 그냥 살았다. 일하면서 도전하면서 부딪쳐 가면서 나를 알아가는 과정이 되었다. 무조건 부딪쳐봐야만 알 수 있다. 나는 무엇을 좋아하는 사람인지 무엇을 잘할 수 있는지 언제 행복한지 생각만으로는 알 수 없다. 나를 깨고 나와야 알 수 있고, 그래야만 다음 단계로 옮겨갈 수 있음을 알게 되었다.

그럴 때 그릇이 커지는 것이다. 그릇을 키우고 싶었다. 그래야 많이 담고 영향력을 끼칠 수 있으니까 그렇게 살고 싶어서 챙겨주고 배려하고 이익의 기준점을 정확하게 하려고 했다. 그런데도 정해진 것이 없는 일들이 순간순간 튀어나와서 지나고 보면 아! 부족했구나! 깨닫게 된다.


단칸방에 부부가 살고 있었다. 남편이 나이가 좀 많아 보였고 아내는 약간 젊어 보였다. 아내의 앞쪽 윗니가 빠져 있었다. 아무도 관심 두지 않는 사람들이었는데 관심 가져주는 내가 우쭐하고 역시 나는 사람을 차별하지 않는 좋은 사람이야 그런 마음으로 제품을 설명하고 샴푸와 비누를 판매했다. 가끔 생활에 필요한 작은 제품들을 판매하면서 바쁘다는 이유로 제대로 챙기지 못했다. 당연히 거래는 끊겼다. 어느 날 들려오는 소문에 부모님이 돌아가시면서 큰 호텔을 상속받고 다른 대리점 사원으로 출근한다는 것이다.

나중에 꽃을 들고 나를 찾아와서 좋은 제품 알게 해줘서 고맙다고 했다. 이렇게 한 치 앞을 못 보고 사는 나였다.

고객을 만나면 꼭 알아야 하는 것은 옷과 외모에는 신경 안 써도 먹는 것만은 최상의 제품을 쓰는 사람도 많다는 것이다. 미리 판단하면 안 되는 이유이다. 아무것도 생각하지 않고 오직 가능성만을 나에게 각인시켜야 한다. 거절당해도 괜찮다. 다음에 필요할 때 나에게로 올 테니까 여러 번의 선입견으로 실수하고 난 뒤의 깨달음이다.

고객을 만났을 때 저분은 어떤 분일까? 좋아하는 것은 무엇이고 관심사는 무엇일까? 나에게 했듯이 호기심과 가능성을 가지고 만났다. 궁금증을 가지고, 많은 사람을 만나면서 실수하는 이유가 겪어 보지도 않고 내가 미리 판단하기 때문이었다. 그것은 사람을 사랑과 가능성으로 보고 대하지 않았기 때문이었다. 나도 누군가에게는 판매사원이고 누군가에게는 고객이다. 사람들은 매일 거짓말을 한다. 판매하기 어렵다. 내가 만나는 사람은 안 좋다. 안 살 사람이다. 그렇게 생각하다 보면 친절할 수 없고, 얼굴에도 금방 표가 난다. 다 안 살 사람이라면 이 세상 제품은 다 안 팔려야 하고 좋은 사람이 없다면 이 세상은 어떻게 변해 있을까? 이런 잘못된 판단은 고객의 처지에서 보는 것이 아니고 내 돈벌이에 급급하기 때문이다. 고객의 어떤 부분에 내가 판매하는 제품이 필요할까? 가족 중에 누가 이 제품이 필요할까? 나는 어떤 도움을 줄 수 있을까? 온 힘을 다해 상담해야 한다. 제품에 대하여 빨리 내 돈벌이해야 한다는 생각은 마음을 바쁘게 만든다. 이 사람은 아닌 것 같고 저 사람은 돈 없는 거 같고 그러다 보면 허둥대게 되고 목적을 잃어버리게 된다.

누구나 나의 고객이 되어야 한다고 믿었다. 믿음을 가지고 누구에게든지 설명하고 전하는 습관을 길렀다. 나를 지켜보는 사람들은 너무 지나치게 하는 거 아니냐면서 한심한 듯 보는 사람도 있었다.


나는 누구든지 믿어 보고 친구 하기로 마음을 정했다. 어느 날 머리는 질끈 묶고 화장기 없는 얼굴에 누가 봐도 촌스러운 30대 주부가 왔다. "정이 씨, 아는 세탁소, 미용실, 옷 가게, 늘 다니던 곳에 샘플과 전단지 5장만 갖다줘보세요." 그다음 날도 다음날도 그렇게 했다. 시간이 가면서 놀라울 정도로 외모가 바뀌고 판매도 되었다.

숨겨진 보물창고에 세련되고 따뜻한 마음이 나오게 된 것이다. 더욱 놀라운 것은 바닷가가 고향인 정이는 친정엄마가 가져왔다면서 해물을 한솥 가득 가져와서 나눠 먹는 일이 많았고 행사 때마다 사무실 인테리어와 꽃다발을 만들었다. 겉모습으로 판단하고 다가가지 않았다면 이렇게 귀한 보석을 발견하지 못했을 것이다.

열 길 물속은 알아도 한 길 사람 속은 모른다는 말이 있듯이 사람은 겪어 보지 않고는 알 수 없다. 판매는 활동량에서 나온다는 법칙을 알게 되었다. 판단 이전 무조건 만난다. 전화한다. 문자 보낸다. 아무리 강조해도 부족하다. 고객 이전에 사람이다. 사람과 사람이 만났을 때 보이는 모습만으로 선입견을 품고 판단하는 것은 기본도 안 된 것이다. 알고 보면 좋은 사람들이 더 많다. 좋은 사람으로 만드는 것은 나에게 달려있다. 만남 속에서 오해가 생기면 내가 먼저 질문한다. 내가 잘못한 것이 무엇이냐고 오해를 풀어간다.

수수한 차림으로 어려운 남의 집 도우미로 일하는 분을 만나서 화장품 판매 상담을 하게 되었다. 아무리 봐도 내 눈에는 수십만 원 하는 화장품을 살 것 같지 않았다. 당연하게 가격이 제일 낮은 제품을 권했다. 기분 나빠하며 멀리 주차해놓은 고급 승용차를 타고 가버렸다. 그 사람이 중요하게 생각하는 부분이 피부의 아름다움이었는데 그걸 내가 정했다. 얼마나 교만한 행동인가? 알고 보니 큰 식당을 하다가 쉬면서 운동 삼아 일하던 사람이었다. 그렇게 공부한 이후로 누구를 만나도 최선을 다하여 상담하고 선택하도록 도와주는 방법으로 일했다. 제품을 뛰어넘는 온 힘으로 전달하였다.

해보기도 전에 '저 사람은 사지 않을 것 같다. 저분은 돈이 없을 것 같다. 저분은 비싼 것은 못 쓸 것 같다. 그 사람은 까칠하다. 저 사람은 일을 안 할 것 같다.'라고 내가 판단한다. 그것은 틀린 것이다. 고객의 관점에서 열정적으로 일하는 사람이 많지 않다는 것이다. 만족한 서비스를 받지 않았다는 것이다.

일에도 인생에도 정답은 없다. 답은 여러 가지다. 답을 찾아가는 과정이 일이고 인생이다. 신입 사원 시절에는 나도 보이는 부분으로 사람을 판단하고 만났다. 이 사람은 게을러서 출근할 수 없고 저 사람은 돈이 없어서 제품을 못 살 것이고, 그러다 보니 다 안 될 사람뿐이었다. 그 선입견과 어설픈 생각으로 판단하지 말고 저 사람은 게을러서 되고, 저 사람은 돈이 없어서 일해서 먹어야 하고 마음을 바꾸니 다 되는 이유가 생겼다. 많은 기회의 비용을 지급하고 나서 배우게 되었다.

아무리 자주 만나는 사람이라도 처음 만나는 것처럼 적당한 긴장으로 대해야 한다. 그렇게 해야 서로의 존중의 선을 지킬 수 있다.

우리는 너무 쉽게 판단한다. 그리고는 그러한 사실을 모르고 살고 있다. 안 맞을 때는 나를 돌아봐야 한다. 나를 돌아보고 생각하면 발상을 바꿀 수 있고 길이 열린다. 안 되는 것이 아니고 노력이 부족한 것이었다.

주어진 자리에서 꽃을 피우지 못하면 나만 손해다. 꽃을 피우고 나면 꽃도 남고 나비도 날아온다.

한계선 - 박노해

'옳은 일을 하다가 한계에 부딪혀 더는 나아갈 수 없다.
돌아서고 싶을 때 고개 들어 살아갈 날들을 생각하라.

(중략)

여기까지가 내 한계라고 스스로 그어버린 그 한계선이
평생 너의 한계가 되고 말리라.

(중략)

한계는 없다. 내가 한계를 그을 뿐이다.

## 03

# 나는 고객에게 어떤 도움을 줄까 고민하라

오래 산다는 것은 누구나 알고 있다. 어떻게 건강하게 오래 살 것인가? 100세 시대를 사는 우리의 화두이다. 웰빙(Wellbeing), 로하스(LOHAS), 웰다잉(Well-dying) 적인 삶의 방식이 우리 가까이에서 생활화되고 있다. 유기농 달걀을 몇 만 원에 구매하는 데 투자한다. 무농약 친환경 우렁이 쌀에도 건강을 위해서라면 돈을 아끼지 않는다.

오래 살면서도 건강하게 살 수 있도록 도와주는 일이 내가 할 일이며 오랫동안 해오고 있는 일이다. 다른 사람을 위하는 것이 그 사람을 걱정해서 한 일인 줄 알았는데 시간이 흐르고 보니 신기하게도 내가 좋아져 있었다. 사람은 누구나 존중받아야 하고 존엄한 존재임을 알고 있다. 건강한 삶은 무엇과도 바꿀 수 없고 누구나 누려야 하는 축복이다. 앞장서서 일하는 순간부터 고객에게 도움을 준다고 생각된다.

처음 영업의 길에 들어서며 일을 시작하고 배울 때 내가 속해 있던 회사는 몇 번이나 다른 회사 제품을 바꾸어 판매해야 했다. 알** 회사 제품 판매했다가 서** 회사 제품을 판매하고, 또 마** 회사 등 여러 번 바꾸며 제품을 판매해야 했다. 그럴 때마다 처음으로 돌아가서 시작해야 하니 판매부터 고객 마음잡기가 쉽지 않았다.

그럴 때마다 언제나 처음으로 돌아가 새로운 회사 공부부터 제품 공부까지 해야 했다. 수십 번씩 설명해야 겨우 판매로 이어졌다. 그 시절 여러 회사와 많은 제품 공부를 하지 않으면 고객 앞에 설 수 없다는 각오와 생각으로 공부했다. 그때는 힘들었는데 지나고 보니 덕분에 여러 회사와 제품을 알 수 있었고 건강을 전할 수 있는 발판이 되었고 실력도 생겼다. 지금은 어떤 제품을 만나도 장점 단점을 파악해서 전달할 수 있는 능력이 생겼다. 그런 과정에서 내가 알게 되고 깨달은 것은 나중에는 어떤 제품을 판매하면 고객에게 더 도움이 될까? 고민하게 되었다.

제품을 사는 사람 형편과 처지에서 생각해보았다. 돈이 남아서 사는 것은 아닐 것이다. 몸 돌볼 여유 없이 열심히 일하다 보니 혈액순환이 안 되어 하지정맥류가 생겨 다리가 너무 아파서 견디다 못해서 구매하는 고객도 있고, 업무상 접대로 술을 먹어야 해서 간이 지쳐서 문제가 생긴 사람도 있다. 아이가 병치레를 너무 하니까 영양 보충으로 면역력을 높여주기 위해서 먹이려고 구매하는 사람, 가족력이 당뇨, 암이라서 예방 관리 차원으로 구매하기도 했다.

각자가 구매이유는 다 달랐다. 어떤 사람은 부모님께 효도하려고 선물로 사기도 한다. 소화가 안 되는 사람, 변비가 심한 사람, 이외에도 구매이유는 너무나 다양하다. 내가 할 일은 구매이유를 정확히 알아보고 원하는 부분을 해결해줄 방법을 알아서 도와주어야 했다. 제품을 구매하는 이유를 들어보고 최상의 효과와 만족한 결과를 보도록 했으며 가장 고객에게 필요한 제품을 판매했다.


함께 일하는 사원은 방문판매 하는 주부 사원이다. 나는 많은 제품 경험을 했기에 어떤 제품을 판매해야 집안 살림만 하다가 나온 주부인 내 사원들이 쉽게 판매할 수 있을까? 효과 본 고객의 재구매가 잘되는 제품은 어떤 것일까? 늘 고민하고 선택했다.

건강하고 싶은 사람, 건강을 전하고 싶은 사람, 그 일로 보람 찾고 돈 벌고 싶은 사람, 이러한 만남이 모여서 구성원이 되었다. 감사한 것은 나와 우리 사원에게는 믿고 떳떳하게 판매할 수 있는 제품이 있다. 그 제품이 있기에 건강하고 싶은 사람을 자신감 있게 만날 수 있다는 것이다. 언제든지 지금 판매하는 제품보다 더 좋은 제품을 만나게 된다면 기꺼이 판매할 수 있다고 생각한다.

나와 가족, 고객의 건강이 우선이니까 당연하면서 기본이 되어야 한다. 내가 판매하는 제품에 대한 확신과 자신감이 있기에 우선 많이 파는 것이 고객에게 도움 주는 일이라 생각한다. 어떻게 하면 도움을 주는 판매를 할 수 있을까를 고민했다.

첫 번째 다짐은 우선 만나자! 일단 부딪혀보자! 그러기 위해서 몸을 많이 움직여야 했다. 움직이다 보니 일에 집중하게 되었고 집중하니 꼭 내 제품이 필요한 사람과 만나게 되었다. 그리고 순간순간 판매가 잘 되는 장소와 아이디어가 떠올랐다. 그런 과정에서 나도 생각하지 못한 만남의 축복이 일어났다. 이런 경험이 기적이라 생각되었다.

거절하는 사람보다는 필요한 사람들과 만남이 많아져갔다. 내가 많이 팔면 고객이 좋아진다. 몸이 불편한 부분을 해결해 줄 수 있는 사람이 얼마나 될까? 내가 질병으로부터 예방시켜주고 도움도 준다. 지금까지 그런 마음으로 일했고 앞으로도 그럴 것이다.

많은 직업이 있다. 보람을 느낄 수 있는 것은 나를 만나는 사람들이 어제보다 오늘 더 건강해지는 일이다.

건강하면 행복해질 수 있고 하는 일도 더 잘할 수 있게 된다. 만족한 고객은 사원이 되기도 한다. 일자리 창출로 이어지는 것이다. 자기 존재를 발견하도록 도와주고 잊고 살았던 꿈도 이루게 길을 열어주는 일이 건강이다. 그 어떤 일보다 보람 있는 일이다.

고객 중에는 팥이 들어있는 음식, 고구마, 등을 먹으면 위에서 소화도 안 되고 신물이 올라와서 속 쓰림이 너무 심해서 못 먹는 사람들이 많았다. 자신 있게 말했다. 팥이 들어있는 음식도 밀가루 음식도, 뭐든지 먹고 싶은 것 마음껏 먹게 해주겠다고 자신 있게 말했고 그렇게 되었다.

변비가 있는 사람은 온종일 더부룩하고 몸도 마음도 무겁다. 장에서 음식이 부패되니 가스도 차고 역류하면 두통도 생긴다. 너무 심해서 일주일에 한 번 화장실을 가는 사람도 제품을 권해주면 매일매일 변을 볼 수 있었다.

얼마나 많은 사람이 그런 괴로움에 시달릴까? 얼마나 많은 사람이 섬유질이 부족한 식생활로 장이 제대로 움직이지 않아 변비로 고생하고 있는지 알게 되었다. 문제를 해결해주는 일은 고객에게는 큰 도움이 되었다.

하루에 180L (약)생수통 12통 이상의 피를 걸러서 99% 재흡수, 1%만이 소변으로 배출하는 곳이 신장(콩팥)이다. 소변은 낮에만 하루 6~8번 보는 것이 정상이다. 그런데 어떤 사람들은 밤에 소변을 보러 몇 번씩 일어난다. 밤에 콩팥이 해야 하는 일은 골수(뼛속)에서 피를 만들도록 도와주는 에리트로포에이틴 호르몬이 나와야 하고 혈압조절 레닌 호르몬 염증 조절 코티졸 호르몬 등 많은 일을 해야 하는데 소변을 보러 몇 번씩 일어나게 되면 몸이 균형이 깨지고 무너지게 된다. 그런 분들에게 낮에만 소변 볼 수 있도록 도와주는 일은 내가 해야 하는 일이고, 하고 있고, 변화시켜 도움 줄 수 있고 주어야 하는 일이다.

이런 도움은 셀 수 없게 많다.


두 번째 마음은 건강을 전하며 돈 벌고 보람 있게 살기 위해서는 내가 하는 일을 통하여 다른 사람의 답답했던 부분이 좋아질 수 있도록 해결해주고 싶은 마음이 강했었다.

그런 마음은 아무 준비도 없이 무작정 고객을 좋게 해주어야겠다는 일념으로 달리게 했다. 그렇게 지나온 세월을 뒤돌아보니 '건강'하면 내가 떠오른다는 친구도 생겼고, 추어탕이 먹고 싶다면 귀찮아하지 않고 언제든지 해주는 언니도 생겼고 함께 차 마시면 힘이 된다는 동생도 생겼다. 그리고 피곤한 기색이 조금만 보여도 일 좀 쉬면서 하라고 바리바리 싸서 들고 오는 동료도 생겼다. 학연도 지연도 아닌 생면부지의 만남에서 시작되어 단순히 물건을 사고, 파는 관계의 만남이었는데 서로에게 도움을 주고받는 만남이 되었다. '건강한 삶'이라는 공통의 목적이 있기에 더 잘 통하나 보다. 멀리 있는 친형제 자매보다 자주 보게 된다. 그런 마음으로 앞만 보고 달리다 보니 믿어주는 사람도 생겼고 돈은 따라와 있었다. 감사한 분들이 있기에 힘도 나고 행복하다. 마음은 받은 사랑을 선순환하기 위해 고객에게 어떤 도움을 줄까? 늘 고민하게 된다.

라면에 수프는 10% 해당하지만, 수프 없는 라면은 라면이 될 수 없듯이 행복 또한 지극히 추상적이다. 언제 행복하여질 예정인가?

지금 이곳에서 내가 하는 일을 통해서 고객에게 도움 줄 수 있을 때 행복하다. 이런 만남에서 행복하지 않으면 손해보는 인생이 된다. 일을 통해서 얻어지는 행복이 진짜 행복이다.

**04**

# 불만족은 즉시 처리하라

가족의 중심은 아픈 사람이고 몸의 중심은 아픈 곳이다. 슬픈 사실이지만 다른 사람의 고통보다는 내 손톱 밑의 가시가 불편하고 신경 쓰인다. 온 마음은 손톱 밑으로 간다. 누구에게나 한 번쯤은 있었다. 불만족도 마찬가지이다. 불만이 생기는 순간 다른 거는 아무것도 안 보이고 불편한 부분에만 집중되게 된다. 내가 고객의 입장이든 판매자의 입장이든 우선 같이 흥분해서 내가 옳다고 언성을 높인다고 해결될 일은 없다. 매사에 소리 지르면 속은 시원할지 몰라도 결과는 기분이 상하고 반품이다.

이럴 때는 정면 돌파하지 말고 초점을 다른 곳으로 돌리는 여유가 필요했다. 시간을 가지면서 환기하는 분위기를 만들어놓는다. 부드러운 분위기에서 해결 방안이 나오게 되어 있다.

고객의 불만족은 자기 생각대로 수십 가지가 된다. 용기의 불편함, 용량 불만족, 맛, 향 효능 가격 등 무수히 많다. 제일 많이 부딪치는 부분은 가족의 반대로 가격이 생각해보니 비싼 것 같다는 것이다. 불만족을 줄이는 방법은 충분한 설명과 확인 또 확인해주는 방법이다. 가족 중에서 결정권자가 주부라면 주부를 만나야 하고 남편이라면 남편을 만나야 한다.

불만족을 줄이는 방법으로는 사람의 몸은 생활 습관 영양상태, 유전적 요소, 환경에 따라 효능이 늦어질 수도 있고 빨라질 수도 있고 다르게 나타난다는 것을 설명해주어야 한다. 충분히 이해시키는 일이 가래로 막을 일을 호미로 막는 방법이다. 재구매의 열쇠가 되기도 한다. 고객의 불만족을 어떻게 처리하느냐에 따라서 사람의 마음을 얻을 수 있다. 사람의 마음을 얻는다는 것이 쉬운 일은 아니다. 그러나 마음을 얻고 나면 고객으로 만났지만, 힘들 때 마음 놓고 기댈 수도 있고 어떤 상황에서도 내 편이 되어 힘도 주고 용기를 주기도 한다. 작은 궁금증이나 불편함에도 나는 이유 여하를 불문하고 즉시 달려갔다!

열 번이고 스무 번이고 무조건 들어준다! 들어주다 보면 거의 문제의 답을 고객 스스로가 찾게 되어있다. 내 생각이 맞는다고 하더라고 무조건 들어주어야 한다. 맞다! 그럴 수 있다! 나도 그런 적 있다! 들으면서 공감해 주는 것이 최고의 해결처리 방법이다.

제품을 사고 나서 비싸게 산 것 같기도 하고 누구는 싸게 구매했다고 말하는 불만족을 말하며 깎아 달라고 하는 사람도 있다. 부동산부터 과자까지 어떤 제품이든 모든 사람의 심리는 싸게 사고 싶어 한다. 누구에게나 일어날 수 있는 일이다. 그럴 때는 부드럽고 당당하게 말했다. 공무원은 나랏일을 해서 월급을 받고 회사원은 회사 일을 해서 월급을 받는다. 선생님은 학생을 가르치고 월급을 받는다. 누구도 일하면서 월급을 깎지 않는다. 나 또한 제품을 판매해서 받는 돈은 내 월급이라는 말을 할 수 있어야 한다.

누구나 이해가 가는 말이다. 한 가지 방법을 제시해 준다면 출근하면 내가 나에게 판매할 수 있으니 싸게 먹을 수 있다고 제시해 선택하도록 도와준다. 서비스는 시원하게 하되 피하지 말고 당당하게 말할 수 있어야 한다.

제품 판매 후 마무리할 때 꼭 마음에서 일어날 수 있는 일들에 관해 확인해주어야 한다. "제품을 사고 나서 괜히 산 것 같은 마음이 들 수 있습니다. 그런 마음이 들면 비싼 돈 주고 산 건데 스트레스가 되면 안 되니 다시 생각해봅시다."라고 말했다. 잊지 말아야 할 것은 제품을 구매해서 사용 후에 일어날 효능 효과에 대해서, 명현반응에 대해서 미리 설명도 해주어야 한다는 것이다. 글로 적어서 수시로 볼 수 있게 잘 보이는 곳에 붙여준다. 큰 질병을 예방할 수 있음과 친구보다 5년에서 10년 젊게 살 방법은 어떻게 하면 되는지에 대해서 세세하게 상담해주었다. 이 모든 작은 일들은 고객에게 신뢰를 줄 수 있게 된다.

고객은 누구나 중요하지만, 그중에서도 온 가족의 음식과 건강을 관리하는 주부이다. 그런데도 정작 주부 본인은 돌보지 못하는 경우를 많이 볼 수가 있었다. 주부가 먼저 건강해지도록 도와주어 가족을 돌볼 수 있도록 계획을 세워주었다. 당연하고 작은 일 같지만 놓쳐서는 안 된다. 우리 때의 주부는 가족 우선이기에 자신은 항상 뒷전이다. 그래서 나이가 들어가면서 갱년기, 고혈압, 관절염, 디스크로, 수술도 많이 하고 힘들어했다. 제품이 들어갔을 때 오래된 만큼 조급한 마음에 금방 포기하고 다른 방법을 찾아 떠나는 경우도 많았다.

그럴 때 어떻게 대하느냐가 중요하다. 힘든 일을 당했을 때 그 사람의 참모습이 나오게 되어있다. 어떻게 받아들이느냐에 따라 처리 방법이 달라진다. 초창기 때 너무 불만족한 고객에게 열심히 설명하는 나를 보고 고객이 당신이 만들었냐? 어떻게 믿느냐? 반박하며 몰아세울 때 내가 만들지는 않았지만, 회사의 연구진들이 연구해서 만들었고 나는 목숨 걸고 일한다! 말하니 고객이 하나뿐인 목숨인데 왜 그런데 거냐고 했다. 그만큼 자신감을 가지고 일한다고 말했다.

본질을 깨닫는 것은 중요하다. 내가 해야 할 일을 알아야 한다. 건강하기 위해서 보람 있게 살기 위해서 다른 사람을 건강하게 해주면서 돈을 벌기 위해서 일하는 것이다.

말투가 기분 나쁘고 태도가 나를 무시하는 것 같다고 기분 상해하고 말초신경 자극하는 것은 다 사족(蛇足)이다. 솔직히 무시하는 사람도 있을 수 있다.

그렇다고 당황하거나 화가 나서 본질을 잊어버리고 쓸데없는 일로 상처받고 포기하면 안 된다. 그렇게 보이는 것일 뿐이다. 속마음은 꼭 그렇지 않을 수 있다. 그런 확인되지 않은 선입견과 오해로 다가서면 일을 해결할 수 없다.

영업뿐만이 아니고 인생사 모든 일이 그렇다. 클레임이 걸려왔을 때 반드시 이렇게 생각해야 한다. 나의 경험에 의하면 '불만족(클레임)은 나쁜 것만은 아니었다. 또 다른 판매의 시작이었다. 만남의 축복의 시작이었고 궁금하고 부족했던 부분을 재확인시켜줄 수 있었고 고객의 궁금했던 부분을 채워줄 수 있게 되었다. 제품에 대해서 나에 대해서 확신을 줄 기회였다.

그걸 모른다면 우선 기분이 언짢아지고, 귀찮은 일이라는 생각과 마음으로 흔들리게 된다. 그때부터는 제대로 된 상담이 될 수 없다. 나는 이런 상황이 되면 반드시 더 좋은 일이다. 생각하고 상대방이 인상 쓰고 있어도 끝까지 웃으면서 진심으로 만나려고 했다. 사람들은 우선 인상부터 쓰는 습관이 있을 수도 있다.

고객은 이럴 때 불만족을 나타내기도 한다. 제품을 구매해서 섭취하면서 명현반응이 일어날 수 있다. 부족했던 부분에 일어나는 현상이다. 예를 들면 각질은 노폐물 찌꺼기다 각질이 일어난다든지 혈액순환이 안 되는 부분은 순환되면서 가렵다든지 뭉쳐있던 곳에 뾰루지가 나온다든지 졸음이 온다든지, 하품, 눈곱, 가려움, 변비, 설사 여러 가지 증상으로 나타난다.

모든 불만족의 시작은 우선 들어 주는 것이다. 모든 불만족은 즉시 달려가는 것이다. 제품 구매 후 딸이 못 먹게 한다. 이런 경우에는 딸을 만났다. 엄마의 필요한 부분은 오래 서서 일하셨기에 다리에 무리가 있다.

다리가 퇴행성으로 연골이 다 닳아서 염증이 있으니 그 열을 식히기 위해서 열이 나고 붓고 열을 식히기 위해서 물이 고인다. 급하다 보니 진통제, 소염제 등을 먹게 되고 그로 인해서 얼굴은 보름달처럼 붓고 몸은 점점 무거워지니 걷지도 못하고 자꾸 살이 찌게 된다.

나중에는 한 번의 신호에 건널목도 못 건너게 된다. 마지막으로 그때는 수술이라는 마지막 방법을 쓴다. 연골의 원료가 되는 음식을 넣어주고 염증을 잡아 줄 수 있는 원료가 들어있는 제품을 복용하면 도움 된다는 것을 상담해 준다. 조금 먹고 나서 효과 없다고 불만하게 되면 피(적혈구)가 바뀌는데도 4개월이 걸리니까 그 시간 견뎌보자고 상담하고 복용 방법과 시간을 적어서 제품에 써주었다. 시간에 맞춰서 복용했는지 확인도 해준다. 이렇게 관리해주면 불만족 사례가 훨씬 줄어들 수 있다.

건강은 건강할 때 지키는 것이라는 것을 누구나 다 안다. 아는 것을 실천하는 사람은 드물다. 실천할 수 있도록 도와주는 역할을 해주는 일이 내가 하는 일이다.

내가 일하는 방법이 누구나 만족할 수 없다. 만족한 고객을 늘려가는 과정이 실력을 키워가는 방법이다. 불만족은 귀찮게 하려고 일어난 일이 아니고 관심의 시작이 될 수 있다. 더 자세하고 상세하게 제품을 설명할 기회가 주어지는 것이다. 그런 고객이 많아지면 우리 제품의 마니아로 변해가는 고객이 늘어나는 것이다.

## 05
# 대접받는 기분이 들게 하라

인생 공부란 고마운 사람들의 고마움을 고맙게 아는 것으로 생각한다. 세일즈맨이 되기에 앞서 먼저 인간이 되라는 말이 있다. 맞는 말이다. 무슨 일을 하든지 사람다움이 먼저라는 것이다. 사람과 사람의 만남에서는 사랑이 많은 쪽이 먼저 다가가고 져주게 되어 있다. 자식에게 이기는 부모가 없다는 말처럼 대접할 줄 아는 마음은 이유를 불문하고 상대방을 사랑하고 귀히 여기는 사람이다. '무엇이든지 남에게 대접을 받고자 하는 대로 너희도 남에게 대접하라' (마태복음 7장 12절) 누군가가 내게 뭔가를 주거나 해주었을 때 나는 어떤 기분이었나? 빚진 기분이었고 언젠가

기회를 만들어 꼭 갚겠다고 마음먹었고 실천하려고 했다. 누구나 따뜻한 마음으로의 배려는 평생 잊지 못하게 된다. 나는 그랬다.

내 마음처럼 누구든지 새로운 장소를 방문했을 때에든지 누군가와의 처음 만남은 어색하고 긴장되며 서먹하다. 관심 있는 말 한마디 작은 것 하나라도 먼저 챙겨주는 습관은 아무것도 아닌 것 같지만 두고두고 고맙고 기억에 남게 된다. 고맙게 받은 마음을 당연하고 쉽게 생각하지 않고 가슴에 남긴 줄 아는 사람이 좋은 사람도 만나는 축복도 기다리고 있다.

흔한 말 같은 '차 한 잔 드릴까요?'라는 말은 많은 사람의 마음을 여는 마법의 키이다. 따뜻한 마음의 표현이기에 상대방의 마음은 열리게 된다.

내가 하는 일은 누구나 들고 가서 판매할 수 있는 진입장벽이 낮은 일이다. 시험 쳐서 입사한 것이 아닌 쉽게 입사했기에 조금만 자신과 안 맞는다고 생각되면 쉽게 그만둔다는 소리를 달고 다닌다. 금방 권태감과 타성에 빠지기도 쉽다. 조금 친하다 싶으면 편하다는 이유로 함부로 대하고 말하게 된다. 긴장감이 없어지게 되고 준비 없이 일하고 아무 말이나 하게 되는 경우가 생긴다. 작은 부딪침에도 나올까? 말까? 갈등의 연속이다.

그런 마음의 이유는 내가 하는 일에 대해서 주인이 아니기 때문이다. 주인의식으로 일한다면 아무리 아니꼽고 치사한 말을 들어도 꾹꾹 참게 된다. 아니꼽게 생각도 하지도 않는다. 겉으로는 주인인 척하지만 어떤 일이 생겨보면 주인인지 나그네인지 알 수 있다. 내가 머무는 곳의 주인은 나이다. 나라도 내 나라라고 하고 내 가족 내일이라고 하는 것은 내가 주인이라는 뜻이 들어있는 것이다.

내가 하는 일은 장벽이 낮기에 끊임없이 자신을 업그레이드시켜야 했다. 대접받는 기분이 들게 하는 것은 잠깐이라도 만날 사람을 생각하고 준비해서 만나는 것이다. 그러면서 자연스럽게 나는 죽을 때까지 화장하겠다고 마음먹었다. 누구를 만나도 처음 만나는 사람처럼 정성껏 외모도 준비하고 무슨 말을 할 것인가도 준비하고 선물도 준비해서 예의를 갖추어 만나겠다고 정하고 실천했다. 편하다는 이유는 함부로 해도 되는 것은 아니다. 내 부모님은 어렸을 때 친척 집이나 남의 집에 방문할 때는 빈손으로 보내지 않으셨다.

아무 생각 없는 철부지였지만 갖다 준다는 기쁨이 너무 좋았다. 시키는 대로 했던 어린 시절의 습관을 지금도 기쁘게 실천하며 살고 있다.

일하면서 만나는 사람에게도 가족에게도 마음의 선물을 하게 되면 되도록 카드에 손 편지를 썼다. 책을 선물하게 될 때도 짧게라도 손 편지를 썼다. 귀하고 소중하다는 나의 표현방법이다. 그렇게 전하다 보면 내가 더 행복했다. 누구를 만나던지 작은 선물로 손수건, 액세서리 도서 상품권, 샘플, 과일, 꽃 등 준비해서 만나는 것을 습관화하였다. 큰 선물이 아니더라도 준비해서 만난다는 것은 '나에게 당신은 소중한 사람입니다.'라는 의미가 들어 있는 마음의 표현이었다.

　고객의 부탁이든 사원의 부탁이든 언제나 '예스' 하기로 정했다. 소중한 사람이니까 그리고 고객이나 사원이 부탁하는 것은 큰 것이 아니다. 그게 다. 그런데도 맨날 달라고 한다며 미워하며, 인상 쓰는 사람들이 있을 수 있다. 달라고 하는 사람은 고마운 사람이다. 뭐가 필요한지 몰라서 헤매고 에너지와 시간을 써야 하는데 고민하지 않고 배려할 수 있는 소통의 기회를 주니 정말 고마운 일이다.

　스카프나 신발 옷을 입고 있을 때 그 옷 예뻐요 그러면 세탁해서 바로 벗어주든지 아니면 목표나 의미를 부여해서 승진하면 선물하겠다고 한다. 이런 일 정도는 생활화되어 있다. 어떨 때는 누군가 주고 싶은 사람이 생기면 일부러 스카프를 메고 다닌다. 부담감 없이 주기 위해서이다.

　조금만 상대방에게 관심을 두고 보면 무엇을 좋아하는지 어떤 때 기뻐하는지 알 수 있게 된다. 커피를 좋아하면 기록해두었다가 중요한 날에 예쁜 머그잔 선물도 하고, 예쁜 찻집에서 차를 마시며 시간을 함께하기도 한다. 이렇게 소소한 일들로 감동도 주고 믿음도 쌓여간다.

　대접받는 기분이 들게 할 수 있도록 하는 것은 나를 미리 준비하는 것이다. 누구를 만나도  먼저 깨끗하고 정성껏 꾸미고 만났다. 식사 약속을 정했을 때는 메뉴를 생각해서 장소를 예약해놓고 날씨가 춥다면 방도 따뜻하게 부탁하고, 상대방을 배려하는 준비를 먼저 해놓는다. 제품을 전달할 때도 바쁜 고객이라면 하루 먹을 양을 예쁜 통이나 팩에 넣어서 들고 다니기에 편리하게 만들어서 전해주었다.

때로는 숨겨놓고 먹어야 하는 고객에게는 검은 봉지에 넣어주기도 했다.

매일매일 오늘은 어떤 감동을 무엇으로 고객들에게 줄까를 생각해서 실천했다. 순간순간 마음에 떠오르는 대로 바로바로 실천했다. 그 순간은 아낌없이 주고 싶은 마음이 소통되었다. 마음 저 밑에서 올라오는 마음을 실천하는 것이 대접받는 기분이 들게 하는 것으로 생각한다.


가족 또는 친구, 고객과 만남에서 대접받는 기분이 들 수 있게 하려면 내 생각에 아무리 값이 비싸고 좋다고 생각되는 것이라도 나만 옳다고 강제하는 것은 아닐 것이다. 상대의 의견을 물어보고 공감해서 결정하는 것이 중요하다. 내경험을 뒤로할 줄 아는 겸손함이 필요했다.

나도 누군가에게 대접받는 기분이 들 때는 마음이 열리면서 긴장이 풀어지고 자신감으로 온전히 나답게 행동할 수 있었다. 그 가운데 자신감과 용기도 생겨났고 평안함도 누리게 되었다. 오늘도 내일도 나는 원하든 원치 않던 끊임없이 많은 사람을 만나며 살아야 한다. 나를 비롯한 누구도 사람은 내면에 방어본능이라는 가시를 가지고 있다. 내가 먼저 마음을 열고 대접하기 위해 만났다는 편안한 기분으로 만나야 한다. 그럴 때 상대방도 그렇게 나에게 마음을 열고 다가오게 되어있다. 내가 건강하고 우아한 모습을 보여주면 고객은 나에게 오게 되어 있다.

일은 행복이다. 돈이 많아서 일없이 매일 놀러만 다닌다면 좋을 것 같다는 사람도 있다. 부딪치는 것이 싫어서 만나기 싫을 때는 사람을 안 만나면 좋을 것 같기도 하다. 그렇지 않다. 사람을 사회적 동물이기에 서로 만나서 일도 하고 얘기도 하며 살아야 사는 맛도 나고 살아있음이 확인된다. 아무리 돈이 많아도 주위에 사람이 없다면 아플 때, 힘들 때 이겨나갈 수 없으리라고 본다. 일이라는 수단을 통해서 많은 사람을 만날 수 있다는 사실이야말로 대접하며 대접받는 인생이라고 생각한다.

## 06

# 70% 듣고, 30% 이야기하라

세일즈(영업)는 만남이 다인데 말을 많이 해야 한다고 생각한다. 말을 잘해야 할 수 있다고 오해하는 사람이 대부분이다. 말을 잘한다는 것은 있는 그대로 정직하게 하면 되고 미사여구를 쓰지 않아도 진솔한 태도는 능변가보다 설득력이 있다. 그때부터 말하는 사람 자신에게도 듣는 사람에게도 좋은 에너지가 소통된다. 영업은 말 잘해야 하는 일이 아니고 잘 들어야 하는 일이다. 나에게 말하고 싶어 하고 내가 들어줄 사람 만드는 것이 일의 시작이 되는 것이다.

누군가가 나에게 말하길 원하고 나는 들어줄 기회가 생긴 것만으로도 발전의 시작이다. 상대방이 나를 신뢰한다는 신호이다. 말을 한다는 것은 마음이 열려서 제품을 구매해보고 싶다는 탐색의 시작이다. 그런 마음이 없다면 됐어요! 하고 말을 끊어버린다.

처음에는 집집이 방문으로, 지나가는 사람에게, 나 혼자 말해야 했다. 홍보지와 샘플을 전하면서 '안녕하세요? 남양알로에(유니베라) 박영민입니다. 이 동네 사세요?' 질문도 혼자 하고 '샘플 한번 써보시고 좋으면 연락해주세요.', '내일 아침 피부가 실크처럼 부드러워질 거예요.' 또는 '건강 체크 설문지, 피부 체크 설문지 해드려요.' 그렇게 시작해서 한사람 두 사람 나에게 말하고 싶어 하는 고객이 생겼다는 것은 신나는 일이었다.

요즘은 누구나 똑똑하고 내 얘기를 하고 싶어 하는 사람들이 넘쳐나고 있다. 잘 들어 주기만 해도 많은 답을 얻을 수 있고 답도 줄 수도 있다. 처음에는 경계하고 있다가도 들어 주다 보면 신나서 자신이 어떤 사람이며 무엇을 좋아하는지 자세히 말해준다. 굳이 내가 말을 많이 할 필요가 없다.

누구든지 자신의 얘기를 맘껏 할 수 있도록 기회를 주는 것이 내가 할 일이다. 들으면서 질문할 내용을 타이밍 잡아서 하게 되면 자연스러운 대화로 이어진다.

사원들에게 매일 아침 교실 시간에 제품 복용 후 좋아진 사례담, 나타나는 명현반응, 판매의 경험, 거절 극복 고객관리의 경험, 꿈, 등 '굿 뉴스' 하는 시간을 주었다. 처음에는 앞에서 말하라고 하면 안 나온다고 협박(?)했다. 자꾸 말하는 시간을 주다 보니 말하는 솜씨도 늘고 자신감이 생기면서 의상도 준비하고 발표했다. 동료들의 박수를 받으면서 마이크를 놓지 않았다. 그렇게 사람은 변하게 되어 있다.

듣는 사람도 동료 의식에 공감대가 날이 갈수록 높아지게 되었다. 동료들 앞에서 말하는 연습을 하다 보니 현장에 나가서도 자신감 있고 자연스럽게 말할 수 있게 되었다. 단체로 찍은 사진을 보면 내 얼굴만 보이고, 내 자녀 얼굴만 보게 되는 것처럼, 누구나 내가 주인공이다. 본인이 하겠다고 한 것은 되도록 지키려고 애쓰게 되는 것이 사람 마음이다.

스스로 선택해서 하겠다고 말하게 하는 것이 듣는 것이다.


한 달 계획을 일주일 계획시간표로 짤 때 나는 일주일에 한 번만 교육하고 나머지 5일은 본인들의 얘기를 하게 했다. 같은 동료나 간부가 하는 말보다는 오래 일하고, 더 공부한 내가 교육하면 더 집중해서 듣는다.

우선은 내가 좀 더 잘 할 수 있지만 길게 봤을 때 본인들이 직접 말해야 주인 의식이 되고 기억에 오래 남고 행동으로 이어질 수 있다. 내가 말한 것은 문을 나서면서 기억에서 금방 사라지지만 본인이 말한 것은 기억하게 되어 있다. 그렇기에 본인들이 말하도록 해야 조직도, 개인도 고객도, 성장할 수 있다. 말하게 하고 나는 들어야 많은 것을 볼 수 있고 피드백

해줄 수 있다.

고객과 만남도 똑같다. 고객이 말하도록 한다. 신이 나서 말하도록 하고 추임새로 감탄만 하면 된다. 누구나 자랑거리가 없는 사람은 없다. 자랑하도록 하는 것이다. 그러면 자연히 마음이 열리고 기분도 좋아지고 지갑도 열린다. 말을 하는 것 보다 듣는 걸 좋아하는 나에게 딱 맞는 일이다.

사람은 누구나 뭐든지 필요하면 누군가에게는 사게 되어 있다. 내가 판매하는 제품이 건강하고 아름답게 해준다는 믿음이 있다면 나에게 사도록 해야 한다.

맞장구쳐주면서 잘 듣는 것이 능력이다. 본질을 잊어버리고 내 자랑만 하면 그 관계는 끝나버리고 판매도 끝나버린다. 잘난 척하고 으스대는 것은 데커레이션이다. 화려한 포장은 본질이 아니다. 본질은 많이 파는 것이다. 나를 만난 고객이 나로 인해서 좋은 영향력을 받는 것이다, 내 한풀이하기 위해서 고객 만나러 나온 것이 아니기에 자랑하고 싶어서 툭툭 튀어나오면 자제해야 한다. 듣는 것이 먼저다.

잘 들어주다 보면 제품에 대해서 잠깐만 설명해도 마음 문이 열렸기에 고객의 선택이 쉬워진다. 들어주다 보면 나에 대해서도 고객이 질문하게 되어 있다. 그때는 내가 일하는 이유와 보람을 말하면 된다.

나는 무조건 먼저 들었다. 들어주는 작은 차이가 나와 상대방의 격을 높여준다. 끝까지 듣는다. 누구나 자기 얘기를 하고 싶어 한다. 자랑하고 싶은 것이다. 얼마나 말이 하고 싶으면 임금님 귀는 당나귀 귀라고 소리 질렀을까? 그만큼 말하고 싶은 것이 사람이다.

또 손자 자랑하려면 만 원 내고 맘껏 하라는 문화가 생겼다. 너무 말하고 싶으면 의사를 찾아가서 자신의 얘기를 한다. 선진국의 정신과 의사는 얘기 들어주는 직업이라 한다. 충분히 말하고 나면 내 말이 들린 공간의 여유가 생긴다. 말이 많아지면 반드시 쓸데없는 말을 하게 되고 실수도 하게 된다. 말할 때보다는 들을 때 넓게, 높게, 깊게, 보이고 느낄 수 있다. 고객과 만남에서도 들을 때 방법도 찾을 수 있고 답도 줄 수 있다 중요한 말은 메모도 하면서 듣는다. 얼마나 중간에 말을 끊는 사람이 많았으면 한국말은 끝까지 들어봐야 한다고 했을까? 듣다 보면 그 사람의 인생을 배울 수 있고 돈 되는 정보도 듣는 중에 들어온다. 나는 누구의 말도 허투루 듣지 않는다.

집중해서 듣고 몰라서 걸리는 말은 질문한다. 70% 듣고 30% 이야기하는 것이다.


듣는 것이 습관화되면 재미있어지고 자세한 포인트가 들리게 됨을 경험할 수 있다. 어떤 상황에서도 적용된다. 한번은 평소에 아는 지인과 은행지점장이 땅 얘기를 하고 있었다. 땅을 사서 월세가 나오는 건물 짓는다는 얘기였다. 나는 듣고 나서 얼른 거기가 어디예요? 저도 가르쳐 주세요. 경제자유구역인데 집을 지으려면 주소를 옮겨야 집을 지을 수 있다고 했다. 그래도 땅을 소개해 달라고 부탁하여 한 필지를 사서 4층 건물을 지을 계획을 세웠다. 그 과정에서 땅이 풀려서 주소를 옮기지 않아도 집을 지을 수 있게 되게 되었다. 회사와 차로 1시간 넘게 걸리는 거리였고 내년에 아이가 초등학교에 입학해야 할 상황에서 운 좋게 땅이 풀려서 건축하여 세를 잘 받게 되었다. 어떤 사람에게 어떤 말을 듣느냐가 너무 중요하다.

말이 적으면 뭔가 부족해서 내지는 말을 잘 못해서 그런 줄 알지만, 진짜 속이 알찬 사람이 많다. 또 자수성가로 성공한 사람들은 열심히 사는 사람들을 도와주고 싶어서 신나게 방법을 가르쳐준다. 그런데도 사람들은 다 안다면서 들으려 하지 않는다. 고객 앞에서도 떠든다면 프로가 아니다.

아는 얘기를 해도 중간에 끼어들거나 자르지 말고 그렇군요, 하며 듣다 보면 다음에 나오는 중요한 말을 들을 수 있다.


프로는 불필요한 많은 얘기는 하지 않는다. 충분히 듣고 말하고 클로징한다. 듣는 것도 말하는 것도 활동하는 것도 긍정도 부정도 습관이다. 습관은 내가 만들지만, 나중에는 습관이 나를 만들어 버린다. 잘 듣는 방법과 잘 기록하는 방법의 실천으로 나의 성공 스타일을 만들었고 나만의 성공 시스템이 되었다. 내가 듣는 이유는 잘 팔기 위해서이다.

누구든지 마음의 여유가 없으면 작은 소리도 짧은 말도 들을 수 없다. 마음이 막혀서 안 들린다. 아이들이 부모가 두 번 말하는 걸 안 들으려 하는 것도 마음에 들을 공간적 여유가 없기 때문이다. 듣는 귀와 손이 성실해야 원하는 것을 이룰 수 있다. 나에게 말해주는 사람이 있다는 것은 감사한 일이다.

앞으로도 '계속 말해주세요. 언제든지 들을 준비가 되어있어요.' 하는 마음으로 많은 사람의 소리를 들을 생각이다. 경청 속에 아이디어가 있고 재창조의 길이 보이고 열린다.

나는 일과를 마친 밤에는 차 한잔하면서 하루를 정리하고 나와 얘기한다.

## 07

# 유창하지 않아도 진심은 통한다

대나무가 땅속에서 5년이라는 시간이 지나고 나면 땅 위로 올라와서 1일 만에 30cm씩 크다가 나중에는 약 20m 이상씩도 큰다고 한다. 대나무는 마디가 있기에 높이 올라갈 수 있고 불에 탈지언정 구부러지지 않는다고 한다.

내가 하는 일도 성과로 금방 이어지지 않는다고 해서 성과가 나오지 않는 것이 아니고 바닥에 숨어 있다가 어느 날 성과로 올라오는 것이다.

누구나 무슨 일을 하던 처음 하는 일은 어설프고 유창하지 못하다. 처음부터 유창한 사람도 없고 유창하다고 잘하는 것만도 아니었다. 부족한 그때 만나는 사람은 그런 내 모습이 좋아서 만남이 이어지는 것이다. 그 시간표에 필요한 만남이다. 항상 지금 할 수 있는 것부터 하면 된다. 오히려 순수한 마음이 그대로 전달되니 운명적으로 좋은 사람들을 만나게 되어 있었다.

부족하면 부족한 대로 지속적인 실행이 중요하다. 어느 정도의 시간이 지나면 실행은 만남과 환경을 바꿔버린다. 오직 실행이다. 우선 행동, 또 행동의 반복이어야 한다. 생각은 다음이다. 알리고, 알리고 또 알리고 하다 보면 꽃 피우고 열매 맺는 것이다. 심은 대로 거둠은 불변의 법칙이다.

대부분 사람이 영업을 못 하고 몸으로 하는 일을 쉽게 생각하고 선택하는 이유는 자신은 유창하지 못해서 못한다고 말한다.

능수능란하고 말 잘하는 사람이 영업해야 한다면 나는 부끄러움이 많고 내성적이라서 매 순간 사람을 만나야 하는 영업에 맞지 않았을 것이다. 당연히 성과도 못 냈을 것이다. 하지만 나는 많은 성과를 내고 있으며 나보다 더 일 잘하고 능력 있는 사람들도 키워내고 있다.

30년이라는 세월 동안 영업을 꾸준하게 할 수 있었던 것은 유창하기에 앞서 내가 실천으로 옮겼던 것은 내가 할 수 있는 것부터 즉시 행동하는 성실한 습관이 있었기에 가능한 일들이었다.

나는 말도 행동도 느렸다. 그러면 어떻게 해야 하나? 방법은 남들보다 먼저 준비하면 되었다. 미리미리 활동 계획도 세우고, 약속 시각에는 반드시 30분 정도 먼저 나가서 부족한 준비도 하고 자료도 챙기고 다음 약속 준비도 했다. 무슨 일이든 미리 준비했다. 출근도 미리 하고, 승진도 미리 하고, 집 장만도 미리 하고, 운전면허증도 미리 따고 미리 해야 시간을 이길 수 있고 나를 이길 수 있었다. 나의 성격을 알고 미리 하는 습관을 실천했기에 여유롭게 살 수 있었다.

아이 출산 후 일해야 했다. 아침 일찍 준비하고 잠자는 아이를 이불에 돌돌 말아서 키워주시는 집사님께 부탁하고 맡긴 후 출근했다. 어떤 날은 우유를 먹이고 바로 움직였더니 아기가 우유를 토해서 옷을 버리게 되고 냄새도 많이 나서 당황하게 되다 보니 나중에는 그럴 때를 대비해서 차에 항상 여벌옷을 걸어 두었다가 언제든지 갈아입었다. 당황하지 않으려면 먼저 시작하여 시간을 벌어두어야 했다.


무슨 일이든 먼저 하고 꾸준히 했다. 목표 정하는 방법이든 지역을 정해놓고 활동하는 방법이든 꾸준함에는 하늘에서 내려주는 운명적인 만남이 기다리고 있었다. 꾸준할 때 일어나는 비밀의 역사가 있다. 유창하지 않지만 다른 사람 놀 때도 꾸준히 활동해서 남 이상 할 수 있었다. 비가 오나 바람이 부나 더우나 추우나 일정하게 일했다. 기분이 좋으나, 나쁘나 이런 정도는 유창하지 않아도 할 수 있는 일들이다. 이렇게 시계처럼 매일 일하다 보면 어떤 상품이라도 내게 신용이 생기고 명예로운 사람이 되면서 더 많이 팔 수 있게 되었다. 진심을 그렇게 언제나 어디서나 통하게 되어있다. 유창함도 반복적인 행동으로 길러지는 것이다. 집을 지을 때도 기초공사가 중요하듯이 천천히 가는 동안 생기는 것이 진심이고 보너스로 고객에게 전달되는 것이 진심의 힘이다.

아이와 동료, 고객. 처음 시작부터 나와 함께 한 사람들이다. 내가 어떻게 일했는지 보았고 아는 사람들이다. 아이가 크면서 나도 함께 컸고 세월을 함께 보내면서 감동하며, 울고, 웃으며 동고동락으로 위로도 해주며 힘들었던 나의 시절을 지켜본 사람들이기에 현재의 내 모습이 아무리 화려하고 때로는 강해야만 하는 모습을 섭섭해하지 않았다. 어떤 상황에서도 노력하며 살아왔던 나의 진심을 알고 있기 때문이다. 내가 깨달은 진실은 부족하다는 것은 결코 못 하는 이유가 될 수 없다는 것, 핑계, 자기 합리화일 뿐이라는 것이다.

그런 사실을 알았기에 어떡하면 잘할 수 있을까? 질문에서 답을 찾아갔다. 속 좁은 생각으로 행동했을 때 왜 그랬을까? 유연하지 못해서 답답하고 힘들어서 기도하며 책을 붙잡고 날밤을 새우며 그릇을 키우고 싶어서 아파하던 시절이 있었다. 지금도 그럴 때가 많다. 그러면서도 때로는 안주하며 '이만하면 되겠지…' 하는 순간 밑으로 주르륵 내려가기도 했다. 그럴 때마다 깨달은 지혜는 올라가는 것은 죽을힘을 다해 올라가는데 내려오는 것은 한순간이라는 것도 알게 되었다.

　그러면서도 '나'라는 사람이란 조금 잘하는 것 같은 생각이 들 때는 늘 알면서도 속게 된다. 코앞에는 자만과 교만이 길목을 지키고 있다는 걸 망각하는 것이다.

　너무 애쓰고 고생하지 말라는 사람들의 위로에 금방 안심하기도 한다. 고맙고 위로도 되지만 진정한 위로는 다른 사람의 시선이 아닌 내가 마음으로 평안한 행복을 인정할 수 있어야 한다. 끝까지 잘 할 수 있고 행복하게 할 수 있는 것은 진심이라고 생각된다. 나는 오늘 나를 만나는 사람에게 진심으로 대하였는가? 나는 오늘 내 일에 마음을 다했는가? 나는 오늘 나에게 마음을 다하고 있는가? 유창하지 않아도 랄프 에머슨의 말처럼 '자신이 한때 이곳에 살았음으로 단 한 사람의 인생이라도 행복해지는 것'이 삶의 목적이 듯이 나를 만난 사람들이 건강해졌으면 좋겠다는 것은 진심이다. 유창함은 다음 문제이다.


　내가 아는 만큼 보이는 만큼 마음을 다하는 것 그것은 평생 내가 잡고 가야 할 의무이고 책임이다. 영업이라는 일의 특성상 상대방에게 필요성을 알게 하고 필요 때문에 선택하도록 하는 것이다. 그러다 보니 거절은 기본이다. 내가 하는 건강과 아름다움과 일자리 창출을 전하는 일이라는 걸 알기에 거절을 당해도 자존심 상하지 않았다. 거절은 성장의 신호이고 판매의 연결이었다.

옳고 바르게 많이 파는 귀한 일인데 자존심 상할 이유가 없다. 때로는 함께 일하는 동료들이 나를 위해 일해준 것처럼 생색도 내고 심하고 함부로 대할 때도 있다. 억지로가 아니고 진심으로 힘들지 않을 수 있는 것은 이 사람은 나를 성장 시켜주려고 내 앞에 있다. 부딪치는 부분은 내가 갱신해야 하는 부분이구나, 지나고 나면 알겠지! 나 자신에게 말했다. 중요한 일을 해야 하는 나는 활력이 넘쳐서 통통 튀려고 한다. 누구를 만나도 에너지를 줘야 하는 사람이니까.

병원(病院), 병원은 병을 고치는 곳이고 질병(疾病)은 오래되어 나타난 현상이기에 식이요법, 운동 요법, 마음 요법으로 가능한 것이다.

나이가 20대라도 당뇨와 고혈압이 있다면 노화이고 질병이다. 질병은 오래된 만성이기에 관리하면 좋아진다. 내가 진심으로 일하는 이유는 누구나 꾸준히 마음을 다하고 진심으로 대하다 보면 가족을 비롯한 내 주위 사람들은 그 진심을 알아주게 되어 있다. 나는 특별한 재능도 유창함도 부족했지만, 진심으로 나의 일과 제품을 전하려고 노력했다.

배움의 차이, 나이, 생각의 차이, 판단력, 경력단절 중 공통되는 부분은 여성이라는 점 말고는 모든 것이 다른 사람들이 나와서 꿈을 찾아내는 일자리 창출은 너무나 소중하다. 주어진 삶이 다인 줄 알고 살다가 마음의 문을 열고 자신감이 조금씩 생기면서 일을 통해서 자유를 일깨워

가는 일터는 귀한 산업의 현장이다. 건강하면서 아름답고 잘 살고 싶은 사람들이 모여서 사는 곳이기 때문이다.

오늘도 나는 외친다. 나에게도 나와 함께하는 사람들에게도 꿈은 무한대라고!

## 08
# 고객의 고민을 먼저 해결해주어라

날이 갈수록, 하면 할수록 내가 하는 일의 중요성을 절실히 느끼고 있다. 돈이 주머니나 통장에 있으면 자산이 된다. 아프면 유산이 된다. 육체가 건강하지 않으면 정신이 건강할 수 없다. 돈의 위치도 바꾸는 건강은 너무나 중요하다. 육체의 동물적 기능 하나하나가 건강한 정신을 인도하게 되는 것이다. 고대 로마의 시인이었던 데키무스 유베날리스(55년 ~140년)의 말처럼 '건강한 육체 속에 건강한 정신이 깃든다.' 고대에 이미 이런 사실을 알았던 사람들이 존경스럽다.

100세 시대이다. 누구나 다 오래 산다는 걸 알아가고 있다. 당연히 원하는 삶은 건강하게 오래 살고 싶다는 꿈을 가지고 산다. 건강하게 살기 위해서 사람들은 병원 근처, 공기 좋은 산속, 전원생활 등 어디가 더 좋은 곳일까 고민하며 블루존을 찾아서 이동 중이다. 그렇게 할 수도 없는 사람은 요양원의 도움을 받아야 한다. 부모님이 요양원 도움을 받게 되면 경제적 출혈로 가족 간 갈등도 생기는 모습을 보게 된다.

주부의 제대로 된 건강 상식은 가족 구성원의 건강의 밑바탕이 된다. 음식 섭취를 조금만 신경 써도 건강하게 살 수 있다.


코로나 팬데믹으로 힘든 요즘은 "면역"자만 붙어 있어도 판매가 잘 되는 시대이다. 면역이 높을 때 바이러스 침범으로부터 몸을 지킬 수 있다는 걸 누구나 알고 있다. 누구나의 고민은 건강하게 사는 것이기 때문일 것이다. 현실은 그렇게 못한 경우가 많다. 심각한 일은 젊은 나이에 당뇨, 고혈압 약을 먹고 있으며 심각성을 못 느끼고 마음 아픈 것은 갑상샘 약을 먹는 교복 입은 학생들도 많다. 한사람이라도 자연 치유력을 높여주기 위해 노력하는 것이 내가 할 일이다. 어느 부분의 건강이 부족한지를 알아서 고민을 해결해주어야 한다.

고민을 상담해주다 보면 사람들은 저마다, 앞앞이 말 못 할 고민 한 가지는 있었다. 그중에서도 의외로 불임으로 고생하는 부부들이 많았다. 늦은 결혼과 환경 호르몬, 전자파, 인스턴트 식품의 홍수의 시대적 결과일 것이다.

옛날 40대 남성의 정자 수보다 현재 20대의 정자 수가 적다는 것이 밝혀지고 있다. 그 결과로 나타나는 현실이 난임, 불임부부가 많은 시대이다. 경제적 비용과 육체적 고통은 경험자만이 알 수 있다. 아이를 낳고 싶은 사람에게 낳는 방법 한 가지를 제시해 준다면 그보다 좋은 고민 해결책은 없다. 방법을 말해줄 수 있는 일이 내가 하는 일이다.

두 사람이 앉아 있어도 대화보다는 각자 휴대전화하고 있을 정도로 휴대전화 중독에 살고 있다. 그 여파로 요즘 시력이 너무 나빠지고 있다. 나이 들어서 오는 백내장, 녹내장, 황반변성이 젊은 나이에 와서 고생하는 사람이 많아지고 있다. 눈에 인공 눈물을 넣지 않으면 눈이 건조해서 참을 수 없는 사람이 너무 많다. 눈이 부셔서 햇빛을 못 보는 사람도 많다. 너무 쉽게 좋아지게 하는 방법을 알고 해결해준다면 은인이다.

차를 함께 타고 가는데 눈이 건조하다며 눈에다 계속 인공눈물 약을 넣는 친한 동생이 있었다. '속는 셈 치고 내가 판매하는 눈에 좋은 알브라이트 먹어봐. 낫지 않으면 돈 안 받을게.' 만날 때마다 방법을 알고 있었던 나는 몇 번이고 꾸준히 설득한 후에 먹게 되었다.

한 달도 안 되어서 어느 날 자신도 모르게 안약을 안 넣고 있음을 알게 되었다고 감탄을 연발하며 고맙다고 볼 때마다 인사했다.

낮에도 눈이 너무 아파 괴로워서 운전 중에 눈을 감고 쉬지 않으면 다시 운전할 수 없었고 밤에는 빛이 반사되어 운전할 수 없었던 고객에게도 눈에 좋은 제품을 권해서 증상이 없어져 극찬을 받고 몇 개나 소개를 받고 있다.

옆에 있는 사람들의 고민을 해결해주면 소개 판매로 이어지고 큰 소득으로 이어진다. 그 외도 수없이 많은 사례가 있다. 어린 아기 때는 한쪽 눈이 안 보이는 줄 몰랐다가 유치원에 들어가면서 시력 검사를 해보니 한쪽 눈이 실명에 가까워지고 있었다. 나를 만난 엄마의 빠른 조치가 아이의 잃었던 시력을 차츰 찾을 수 있었다. 감동 이상의 기쁨이었다.

급하게 마음먹기보다는 고객의 고민을 해결해주는 데 정성을 다하다 보면 돈은 저절로 따라서 오게 되었다.

렌즈를 오래 끼고 있다 보면 눈이 건조해서 인공눈물이 필수인 줄 알고 그 방법이 최선인 줄 알지만 수많은 사람의 인공눈물을 끊게 만들어주었다.

요즘 아이들은 생리통으로 먹는 진통제를 달고 살고 당연하게 생각한다. 옆 친구가 그러니까 당연한 줄 알고 산다. 책상 서랍에는 진통제가 가득하다. 원인 중 하나인 단 음식, 찬 음료를 달고 사는 생활 습관으로 아랫배(단전)에 피를 못 보내는 것이 원인 중 하나이다.

생리통은 그대로 놔두면 여성의 40~50% 해당하여 고통을 겪고 있는 자궁근종으로 변해간다.

35세부터 시작해서 55세 이후 여성은 여성 호르몬(에스트로겐)이 급격히 줄어든다. 그로 인해서 폐경기가 오게 되면 불면증, 땀, 홍조, 우울증, 건조증, 현상으로 괴로워한다. 기분도 올랐다 내렸다 반복이 심하고 폭력적으로 되기도 한다. 현재의 건강관리가 미래건강의 예약이다.

속이 더부룩하고 잘 체하는 사람도 많다. 소화제를 먹는 방법 말고는 다른 방법을 모르고 산다. 새벽마다 복통으로 힘든 사람, 속 쓰림이 없어졌으면 하는 사람도 많다.

너무 쉬운 방법을 나는 알게 되었다. 무작정 약에 의존하다 보면 스스로 움직이는 자율 신경인 위장은 아예 움직이지 않게 된다. 그때부터는 약으로 힘들다. 그런 사람들의 고민 해결은 나의 전문이었다. 이렇게 힘들어하는 사람을 찾아서 집집이 방문도 하고 때로는 길에서 제품 홍보 전단 돌리기를 하는 이유이다.

그렇게 괴로워하는 사람에게 고민을 해결해주기 위해서이다. 많은 사람의 건강 고민에 관심을 두고 해결해주는 일을 하다 보니 마음의 상처로 힘들어서 몸이 아픈 사람도 많다는 걸 알게 되었다.

솔직한 마음의 문을 열기에는 너무 많은 시간이 필요하다는 생각에 고민 해결에 도움을 주고 싶어서 미술 치료학을 공부하였다. 부산에서 대구까지 다니면서 공부했다. 모든 것을 통합적으로 활용하며 일했다.

함께 일하는 사원의 남편이 같은 직장동료의 보증을 잘못 서 공무원이던 직장에서 명퇴당하면서 직장도 잃고, 집도 빼앗기는 일이 생겼다. 갑자기 당한 일에 죽는다고 울고불고 난리였다. 나는 정신을 차리고 아이들과 살아야 하니까 힘내자고 위로했다. 마이너스 통장에서 돈을 빼서 건네주면서 집을 지킬 수 있도록 도왔다.

내가 지켜본 우리 사원의 남편은 평소에 착실한 사람이라는 믿음이 있었다. 여기저기 취업 자리를 알아보았다. 평소에 알고 지내던 사장님께 만나봐 달라고 부탁해서 면접 후 출근하도록 길을 열어주었다.

그 순간 대가를 바라고 한 일은 아니었다. 얼마나 힘들까? 하는 마음이 공감되었기 때문이었다. 그 뒤로도 내가 아는 사람들이 잘되었으면 하는 마음으로 우리 사원의 아들, 동생을 취업도 시켜 주고 더불어 살려고 했다.


누구나 다 고민이 있다. 머리카락이 자꾸 빠져서 머리숱이 줄어들어 고민하고 폐경이 되면서 허리둘레가 굵어지는 것이 고민이다. 잠이 안 와서 고민이고 활력이 자꾸 떨어져서 고민이다. 기억력이 떨어지니 고민이다. 같은 또래보다 5년에서 10년만 젊게 살아갈 방법이 있다면 고민은 해결되는 것이 아닐까?

# PART 5

# 영업은
# 나의 브랜드를
# 만드는 일이다

## 01
# 목표를 바꾸지 말고 방법을 바꿔라

목표의 중요함을 알게 되면서 삶이 심플하고 단순해져갔다. 모든 일을 목표에 맞추다 보니 중요한 일부터 하는 습관이 생기게 되었다. 목표는 내비게이션이다. 내비게이션은 가장 가까운 길로 안내해준다. 이렇듯 목표가 있으면 일도 삶도 쓸데없는 생각, 불필요한 갈등으로 낭비하는 시간이 줄었다. 목표는 생각도 행동도 올바른 방향으로 이끌어주었다. 목표는 힘들 거야 하는 마음으로 시도하지도 못하는 경우가 대부분의 생각이었다. 목표를 무서워하는 이유는 세웠다가 못 이룰 것 같은 부정적인 생각과 두려움 때문이었다.

어마어마하게 큰일만이 목표이고 대단히 중요한 일만이 목표로 알고 있기 때문이기도 하다. 살아가는 모든 일은 목표임을 알게 되었다. 목표를 세워도 사흘을 지키지 못한다는 작심삼일이라는 말이 있다. 사흘마다 다시 시작하면 된다.

지금 해낼 힘보다 조금만 팔을 뻗으면 해낼 수 있을 정도로 목표를 세워 실행하면 누구나 해낼 수 있다.

나는 모든 일과 목표를 끝에서 시작했다. 천만 원이 목표라면 시작이 천만 원이다. 그렇게 시작해서 하루하루 쪼개서 실천하면 된다. 모든 목표는 수치화하고 기한을 정한다. 수치를 쪼갠 것은 계획이 되고 계획대로 실천하면 된다. 반복하면 습관이 된다. 목표는 쪼개면 쉽게 느껴지고 이룰 확률도 높다. 목표는 속도도 중요하지만 방향이다. 목표를 향해 가다 보면 어느새 도달해 있다.

나는 때로는 길을 잃어 샛길로 빠질 때도 있었고 앞이 깜깜해서 보이지 않고 막막한 적도 있었지만, 시간이 지나고 보면 하나하나 목표 지점에 도달해가고 있었다. 인생도 일도 목표는 나를 성장 시키며 이루고자 하는 꿈도 목표를 통해서 이룰 수 있었다.

영업을 통해서 목표를 구체적으로 배우고 알게 되었다. 목표는 모든 일에 적용하며 살 수 있는 인생 시스템이 되었다.

영업은 목표하나만 가지고도 사업장 투자비용과 관리비용에 수익의 돈을 투자하지 않고도 꿈을 이루는 사업을 할 수 있으니 좋았다. 각자가 사장이 되어 경영자의 마인드로 시작할 수 있어 좋고 내가 한만큼 이룰 수 있으니 좋았다. 같은 길을 가는 조직이 있어서 큰 비용을 들이지 않고 다양한 경험과 폭넓은 교육 기회도 영업을 통해서 얻을 수 있었다. '혼자서도 잘해요. 둘이서는 더 잘해요.'라는 말이 와 닿는 것이 조직의 힘이었다.

많은 사람과의 만남을 통하여 마음먹은 만큼 폭넓게 자신을 업그레이드할 수 있는 일이었다. 나만 열심히 하면 인생 역전의 기회가 될 수 있었다. 나만의 일과 재테크, 목표달성 시스템을 만들었다. 영업은 하루도 같은 만남과 날이 없기에 지루할 틈이 없는 처음 가보는 여행이었다. 내일은 누구를 만날까? 기대되는 인생 여정이 되었다.

30년, 20년 전만 해도 연봉 1억은 꿈의 숫자였기에 도전하는 사람도 별로 없었다. 재테크를 몰랐고 근로소득만을 알던 시절이었다. 나는 연봉 1억을 꿈꾸면서 일했다. 땅을 정해서 활동하고 오늘의 목표금액을 정해서 활동했다. 달성을 못 하면 집에 안 간다는 각오로 했다. 오늘 해내지 못한 판매금액은 내일의 금액에 더해서 해냈다. 특별한 배움과 밑천 없이 나만 열심히 하면 이루고자 하는 목표를 가능하게 이룰 수 있는 일이다. 목표를 어떻게 정하느냐에 따라 결과는 무한대로 변했다.

세월이 많이 변해서 요즘 같은 제도와 제품으로 연봉 일억은 쉽게 이룰 수 있다. 한 달에 2천만 원만 판매하면 연봉 1억이 된다. 2천만 원은

25일로 나누면 하루 80만 원이 된다. 현대인들에게는 인스턴트식품, 알코올, 생활 독소, 스트레스로 인해 해독해야 할 것이 많아지기 때문에 간에 무리가 간다. 간에 좋은 NY931 2개와 스킨로션 1개씩만 판매하면 80만 원이 달성된다. 하루 80만 원 판매하는 방법은 많다. 어떤 방법이든 쪼개서 실천하면 쉽다.

연봉 1억은 대한민국 국민의 10%의 소득 안에 드는 꿈의 숫자이다. 해볼 만하고 가슴 설레는 목표이다.

이솝우화에 지나가는 여우가 사과를 보고 먹고 싶어서 다가오다가 높은 나무 위에 달린 사과를 보고 '사과는 시고 맛없을 거야.' 포기하며 돌아간다. 여우에게 사과를 따 먹는 것이 목표이다. 맛있는 사과를 먹기 위해서는 방법을 바꿔야 한다. 사다리를 놓고 올라가던지 나무를 흔들어 사과가 떨어지게 하든지 방법을 바꾸면 된다. 방법은 많다.

상사에게 목표가 정해지면 인원수에 맞춰서 쪼갰다. 3천만 원이 목표라면 2천을 내가 한다. 나머지는 쪼개서 부서원들에게 나눠준다. 그렇게 솔선수범하여 내가 먼저 많이 하겠다고 실천하고 나면 마음을 합해서 목표는 쉽게 이룰 수 있었고 실력도 키워졌다. 인격이 부여된 협업은 내가 귀하듯이 상대도 귀하다는 것을 아는 실천이었다. 그런 과정이 있었기에 웬만한 일은 짐작만으로도 책임을 질 수 있었다. 집을 살 때도 돈이 이정도 있으니 조금만 더 벌면 되겠네 하는 계산으로 쪼개다 보면 이룰 수 있었다.

목표는 단순히 영업에만 적용되는 것은 아니다. 모든 삶에 적용되었다. 나는 목표가 생기면 이일을 어떻게 하면 될까? 생각 후에 어떤 일이든 쪼갠다. 큰 덩어리라도 쪼개면 덜 부담스럽다.

목표는 크면 좋다. 예를 들면 목표가 75인치 TV만큼 크기라고 가정할 때 문제로 느껴지는 거절, 갈등, 상처 고민 등은 돌멩이에 불과하다. 큰 목표인 TV에 가려서 문제에 해당하는 돌멩이는 보이지 않게 된다. 반대로 목표가 돌멩이처럼 작다면 문제는 75인치 TV가 된다. 문제가 크게 느껴진다는 것은 지금의 내 수준의 그릇을 알 수 있다.

소득의 목표도 커야 한다. 100만 원 벌어서 다 써도 100만 원이다. 200만 원 벌어서 100만 원 쓰고 100만 원은 저축할 수 있다. 겁이 나서 목표를 크게 세우지 못하는 이유는 두려움이 속에 각인되어 있기 때문이다. 그 두려움은 가짜고, 합리화이고 속는 것이다. 오랫동안 자신에게 속으며 살다 보니 습관화되어 진짜처럼 느껴지는 것이다.

누군가의 면역력을 높여주고 아름다운 피부를 만들어 주는 천연물을 판매하는 일은 가치 있는 일이다. 보람과 가치 있고 영향력을 끼치는 일의 목표는 아무리 커도 욕심이 아니라고 생각했다. 목표를 높이는 것은 일에 몰두할 수 있게 했고 생기지 말아야 할 가족이 아프다든지 하는 중요한 일부터 자질구레한 일들은 저절로 정리되었다. 목표는 내가 만나야 할 사람을 만날 수 있게 되는 길이 되었다.

회사가 위기에 처하게 된 적이 있었다. 살려내기 위해 누가 시킨 것도 아닌데 큰 목표를 세우고 아침부터 저녁까지 일에만 매진했다. 그 와중에 세상에서 가장 소중한 겨우 한 살 된 내 아기가 감기를 대수롭지 않게 여기는 바람에 폐렴으로 진행되었다. 동네 병원에서 안 되고 큰 병원으로 입원해야 했다.

큰 병원에 가면 나는 보호자로 병원에 매일 있어야 하고 그렇게 되면 출근할 수가 없다는 생각에 "선생님, 저는 일을 해야 해서요. 선생님이 치료해 주세요." 큰 병원 갈 수 없습니다.

의사 선생님이 나를 빤히 쳐다보면서 "허 참, 엄마가 와 이렇노?" 하면서 차트를 살피고 나서 "한번 해봅시다." 했다. 아이는 잘 치료하고 퇴원할 수 있었다. 지금 생각하면 막무가내 무식한 엄마였는데 그 순간 내 속에서 내린 진심대로 행동했다. 그 뒤로도 목표를 세우고 일하면서 수없이 많은 크고 작은 장애물들이 생길 때마다 목표의 끈은 놓지 않았다. 목표가 있었기에 안주하고 싶을 때 문제가 눈앞을 가려도 휩쓸리지 않고 일하고, 해결하며 살 수 있는 것 같다. 목표는 딱딱한 것도 아니고 부담 주거나 겁주기 위한 것이 아니다. 목표는 나를 행복한 부자로 살게 하는 지렛대이며 내비게이션이다.

년, 월, 주, 일, 별로 목표를 정하고 시간을 쪼개서 활동하면 생각대로 이뤄나갈 수 있다. 그리고 여유로운 시간도 벌 수 있다. 목표에 앞서 알아야 하는 것은 세상만사 모든 일은 처음은 어렵지만, 자꾸 하면 잘하게 되어있다는 것이다.

운전을 배울 때 처음에는 옆에 가는 차가 내 차에 자꾸만 붙는 것 같고, 20Km의 서행에서도 그렇게 빨리 가는 것으로 느껴져서 겁이 났다. 복잡한 시내에 들어서면 난폭한 선배 운전자들이 무서워서 끼어들기를 못 해서 복잡한 도로 한복판 자리에 꼼짝 못 하고 서 있었다. 집에서 밥이나 하지 나와서 길 막히게 나왔다고 소리 지르고 욕하고 했지만, 그런 과정이 지나고 나니 운전하면서 커피도 마시고 길가 풍경을 구경하는 여유도 생겼다.

목표도 이런 것이다. 일단 세워놓고 이루기 위해 끊임없이 방법을 바꾸어가면서 실천하면 된다. 지속하고 성실하면 가까워지고 마침내 이루게 된다. 요즘 내가 세운 목표는 매출 3억, 행복한 부자로 일하는 70명 사원이다.

초청행사도 해서 알리고 이벤트 투자도 하면서 계속 달리고 있다. 내가 목표를 크게 세우면 고객이 건강해질 수 있고 함께 일하는 조직원들의 연봉이 달라진다. 보람과 가치 있는 일을 이뤄내기 위해서 월별 해낼 수 있는 성장 목표는 공유하고, 달성하면 성과 보상으로 축하해 준다. 3억을 70명으로 나누면 1인당 4백만 원 정도면 된다. 혼자 가면 빨리 갈 수 있지만, 함께 가면 멀리 갈 수 있다. 앞서서 가다가도 뒤를 점검하며 함께 가다 보면 반 이상은 이뤄져 있었다.

이 시대 국가도 개인도 누구나 무엇인가를 다 판매한다. 그 일이 무엇이든지 잘 팔기 위해 목표가 필수 조건이고 잘 판매할 방법을 연구하고 실천하는 것은 당연한 일이다. 나만이 판매하는 사람이 아니라고 생각했다. 품목만 다를 뿐이다. 누구든지 판매한다. 누구나 모든 것을 사지는 않는다. 가치를 아는 사람과 필요한 사람들을 찾아서 판매하는 것이다. 그렇게 생각하며 일하니 거절당했다고 해서 자존심 상할 일은 아니다.

일의 목표를 해내는 습관이 생기면서 원하는 삶의 목적도 꾸준히 이루며 살 수 있었다. 다른 분야는 잘 모르지만, 내가 만들어가고 있으며 지금까지 만들어놓은 건강과 아름다움을 전하는 영업의 성 안에서 나는 감사하다. 오랜 시간 남 앞에서야 했기에 한결같은 자세로 공부의 끈을 놓지 않았다. 그런 생활 속에서 나도 모르게 어느 장소에 가도 분위기가 환해지고, 밝고 활력이 넘치는 모습으로 만들어져 있음을 느낀다.

# 02

# 5년 단위로 인생을 업그레이드시켜라

19C 말 미국 정부는 서부지역에 거주하던 인디언 부족과 조약을 맺었다. 여러 가지 조약 중에서 무기를 버리고 인디언 보호 지역으로 들어가 아무 일도 하지 말고 미 정부가 도와주는 것으로 살라는 조약이었다.

일이 없는 원주민들은 처음에는 편하고 좋았지만, 시간이 흐를수록 재미가 없고 무의미하니 술과 마약 등에 빠지게 되었다. 지금은 어디에서도 수려하고 똑똑했던 인디언의 모습은 찾아볼 수 없다고 한다. 오늘날 열악한 환경 속에서 인디언 젊은이들은 현실을 비관하며 극단적인 선택을 하기도 한다고 전해지고 있다.

오늘날 우리도 힘든 일자리는 꺼리고 정부의 실업급여는 날로 늘어나고 있다. 쉽고 돈도 많이 벌고 싶은 것은 누구나 소망이다. 하지만 근본적인 문제해결 방법은 물고기를 잡는 방법을 아는 것이 진정한 삶으로 바꿔 줄 수 있다. 나는 30대에 가장 바닥으로 내려가서 거품을 빼고 치열하게 부딪치며 배웠고 이뤘다.

뒤돌아 생각해보니 한 번도 살아보지 않았던 열정적인 순간들이었다. 다시 그 시절로 되돌아갈 수는 없지만, 노동의 힘은 웬만한 일들을 해결해주었다.

일하다 보면 누구나 쓰러질 수 있다. 다시 일어설 수 있으면 실패는 아니다.

31살부터 35살까지 경제적으로 독립하기 위해 첫 번째로 한 일은 종잣돈 모으기였다. 아침부터 저녁까지 일에 몰입했다. 그때는 일하고, 잠자고만을 반복했다. 그렇게 종잣돈이 모이면서 땅도 사고 집도 사고 여행을 좋아했기에 스키도 탈 수 있는 서울리조트 이용권도 샀다. 10년이라는 시간이 흐르고 보니 리조트 권은 부도났고 나에겐 스키 타는 모습이 그려진 플라스틱 카드만 남아 있다. 평당 5만 원에 산 땅이 속아서 10년이 지났어도 몇 천 원도 안 하는 땅도 있었다. 가격이 몇 배로 오른 땅도 있었다. 아무 경험도 없이 했던 행동이었어도 오늘날 나의 발판이 되었다. 행동을 안 하면 아무 일도 안 생긴다.

경제적으로 독립할 수 있게 되면서 남 탓한다든지 핑계 대는 일이 없어지고 누구에게도 기대지 않고 살 힘이 생겼다. 그 시절 경제적 독립이 진정한 자유의 시작임을 깨닫게 되었다.

처음에는 일이 생겼다는 사실이 좋아서 무작정 했고 목표도 모르고 앞만 보고 달리다 보니 10년 단위로 계획이 자연스럽게 세워져 있었다. 일을 시작하면서 나는 어떤 사람인지 알게 되었다. 돈만 보면 쓰고 보는 내 스타일을 알았기에 땅과 집에 묻어놓았다. 10년은 눈 깜짝할 사이 흐른 것 같다. 그 사이 너무나 기다렸던 아이도 생겼다.

38세부터는 5년 단위로 일과 아이의 미래 계획을 세워갔다. 내가 38살 때 아이는 3살이 되었다. 그때는 무엇이 필요하고 42살 때 7살이 되었을 때는 무엇이 필요한지 세세하게 필요한 일을 준비했고 앞 바라지를 했다. 내가 55살이 되었을 때 아이는 대학생이 되었다. 아이와 나는 같이 성장해갔다.


첫 번째로 일에서 승진은 5년 안에 최고의 위치를 목표로 두고 도전해서 이뤘다. 목표가 생기니 방법도 생기게 되었다. 승진하기 위해서는 나 같은 사람을 5명 증원해야 했다. 누구를 만나도 4명 했는데 한 사람만 더 하면 된다고 선의의 거짓말을 하며 와달라 했다. 나를 도와 도와주기 위해 출근해준 고객과 지인들은 나보다 더 일을 잘하는 사람도 있었다. 사람마다 속에는 어떤 능력이 숨겨져 있는지 아무도 모른다는 사실을 알게 되었다. 적극적으로 여러 가지 방법으로 실천할 수 있는 자신감이 생겼다.

두 번째로는 공부를 시작하였다. 일하다 보니 부족함을 많이 느끼게 되었고 1년 단위로 한 가지씩 전문 공부를 해나갔다. 머리를 채우는 것은 무한대로 할 수 있는 일이고 해도 해도 다 하지 못하는 일이었다. 수년간의 현장경험은 머리를 채우는 이론적인 공부가 더해지면서 창의력도 생기고 실력으로 나타나기 시작했다. 전국으로 성공사례 발표도 다니게 되었다.

잠재능력을 알아차리고 나서부터는 키우는 공부가 저절로 되었다. 의식의 세계를 바꾸며 무의식의 세계를 바꾸는 실제 적용 공부를 한 것이다. 그 당시 나는 의욕이 넘쳤고 일을 아무리 많이 해도 피곤하지도 않고 일도 잘하게 되었다.

나의 잠재력이 무궁무진할 수 있다는 것도 깨닫게 되었고 다른 사람을 볼 때도 사람은 누구나 숨겨진 능력이 있다는 믿음을 가지고 바라보게 되었다. 자신이 무엇을 잘하는지 모르고 있는 사람을 진심으로 대해주면서 함께 도전해보자고 했다. 의식 공부와 실천으로 피곤한 것도 모르고 날마다 감사와 활력이 넘치게 되었다.

카네기 최고경영자 과정을 공부하면서 나를 알아가는 방법과 사람을 어떻게 대해야 하는지 알아가는 공부를 시작했고 실천했다. 현장경험과 의식 변화를 공부하면서 늘 긍정적인 마음으로 일하다 보니 실적은 눈에 띄게 변화되었다.

본격적으로 세계적으로 뛰어난 세일즈맨 브라이언 트레이시의 '피닉스'라는 세미나에 참석해서 효과적인 영업 방법을 배웠다. 매일 테이프를 들으며 현장에서 적용했다.

건강과 아름다움을 잘 전하고 싶어서 병태생리, 수지침 귀 반사 등의 대체의학을 공부했다. 또한, 사람의 마음과 건강을 제대로 알고 상담하고 싶어서 부산과 대구를 오가며 다시 대학에서 미술 심리 치료를 공부했다. 마음 상담은 힘든 사람을 보면 내가 더 힘들어했다.

객관적이지 못한 나의 개인적인 감정이 들어가게 되어 상담하기에 힘들다는 것을 알게 된 계기가 되어서 감사했다.

지속적인 공부와 일하는 과정을 통하여 사업체에 대한 목표는 1년 단위로 매출을 수정, 보안 업그레이드시켰고, 인생의 중요한 아이에 대한 계획은 학년과 나이를 적고 내 나이와 비교하면서 계획을 세웠다.

자산에 대한 계획은 30대에는 10년 주기로 투자를 하였고 40대부터는 5년 단위로 계획과 목표를 세웠다.

자동차는 무슨 차를 탈 것인지 여행은 언제 어디로 갈 것인지 조목조목 세세하게 기록했다. 자산은 자본과 부채로 나누어서 차변에는 자산, 대변에는 자본과 부채를 정리하는 발란스시트(대차 대조표)를 통해서 1년 단위로 확인해나갔다.

인생에 어느 순간 하나 중요치 않은 시간은 없지만 나에게 40대에서 50대는 가장 중요한 일을 하는 시기였다. 45세에 자산은 20억을 목표로 정했고 회사에서 위치의 목표는 전국 20등 안에 들어가기였다. 실제로 이뤘다. 50세에는 자산은 얼마, 예를 들어 현금 50억 그중에서 집은 몇 채, 땅 만 평 이상, 55세에 은퇴 현금과 부동산 100억을 만들겠다는 목표를 세웠다.

100세 시대를 사는 지금 나는 은퇴할 생각이 없다. 일하는 자체가 휴식이고 여행이고 운동이라는 것을 깨달았다. 지금은 5년 단위로 80세까지 계획을 쪼개서 세워놓았다.


지금도 앞으로도 5년 단위로 목표를 세운다. 할 수만 있다면 아프리카 같은 곳에 도서관을 짓고 싶다. 영향력을 끼치는 행복한 부자가 꿈이고 힐링타운을 세워 힘들고 지친 사람들에게 잠시나마 쉬어가서 다시 도전할 수 있는 충전소 같은 힘이 되고 싶다.

시대가 빠르게 변하면서 누구나 인권을 외친다. 일하는 시간을 줄여라! 우리는 기계가 아니다. 적게 일하고 많이 받고 싶은 것은 모든 사람의 희망일 것이다. 누구나 안정된 생활을 원하면서 이유와 핑계를 타인에게서 찾으려고 하면 안 된다. 우리나라도 코로나 팬데믹으로 복지정책을 펴고 있고 실제 수천억 원의 돈이 복지 혜택으로 쓰이고 있다. 그것은 열심히 일한 누군가의 세금이다. 가난은 나라도 구제를 못 한다는 옛 말이 있고 성경에는 일하지 않는 자 먹지도 마라는 말이 있다. 각 개인은 자신에게 주어진 일을 열심히 하고 불리한 사람들은 도움도 받고 살아야 한다고 생각한다. 나는 할 수만 있다면 일하고 싶다. 운 좋게도 영업이라는 정년이 없는 일을 만난 것이 나에게 큰 행운이다.

'진정한 공부의 마지막은 일상으로 돌아가는 것이다'라는 책에서 읽은 말이 이 나이가 되고 보니 가슴으로 들어왔다. 내 인생 최종 꿈은 고상하고 우아한 할머니가 되는 계획이다. 그러기 위해서는 육체적으로 건강하고 정신적으로 따뜻해서 아무리 각박하고 강한 사람이라도 나와 대화하면 녹여줄 수 있는 따뜻한 할머니가 되고 싶다.

손자 손녀에게 용돈 잘 주는 할머니가 되고 싶고, 아무 말을 하지 않고도 찾아와 기댈 수 있는 할머니가 되고 싶다.

30대부터 늦은 밤 고요히 앉아서 내 나이 50에 내 아이는 어느 위치에 있는지 도와줄 일은 무엇인지, 나의 경제적 자유와 목표는 어디에 있는지 정리하는 시간을 거의 매일 가졌다. 차 한 잔 놓고 계획을 세우고 업그레이드하는 시간은 참 행복했다. 열심히 살아야겠다는 다짐과 계획도 세울 수 있었다. 처음에는 몰랐는데 기록하다 보니 모든 면에서 5년마다 변화가 일어나고 있었다. 사람은 성장하기 위해 태어났고 내가 성장해야 다른 사람에게도 도움을 준다. 성장을 위해서는 지금 계획을 세우며 기록을 시작해야 한다.

**03**

# 지는 것이 진짜 이기는 것이었다

진짜 이기는 것은 행복한 부자가 되도록 흐름을 바꾸는 일이다. 이기
는 것은 다 같이 잘되는 길로 물길을 바꿔가는 일이다. 번거롭고 귀찮고
힘든 일이라도 내가 먼저 하겠다고 마음먹고 실천했다. 10시까지 출근해
도 되는 출근 시간의 흐름을 8시 30분으로 당겨서 출근했다. 사실 더 일
찍 출근하고 싶었지만, 사무실 문이 8시 30분에 열렸다. 나중에 책임자
의 위치에 있을 때 열쇠를 주어서 일찍 출근하고 싶은 사람들이 마음대
로 올 수 있도록 했다.

출근해서 바로 창문을 활짝 열고 청소하고 반갑게 인사로 맞이했다.

동료들의 출근 시간에 맞춰서 문 앞에서 맞아주니 서서히 출근 시간이 앞당겨져갔다. 아침 시간 30분은 낮 2시간의 보다 효율성이 높다. 늦게 겨우 출근 시간에 맞춰 허둥지둥 출근한다면 그날의 일은 제대로 될 수가 없다. 아침 일찍 시작하다 보니 하루가 알차고 짜임새가 있었다. 하루의 시간을 길게 쓸 수 있고 여유롭게 일과를 마무리도 잘할 수 있었다.

세상에 보이는 것은 보이지 않는 것의 거울이다. 보이는 것보다 보이지 않는 것이 더 크다는 것이다. 이길 수 있다는 것은, 보이지 않는 어제의 마음과 실천이 오늘의 내가 된 것이다. 비전을 어디까지 볼 수 있느냐에 따라 내일의 모습이 결정된다.

시간이 흐르고 생각해보니 싸우지 않고 이기는 것은 지는 것이었다. 누군가와 의견 대립으로 대립각을 세우고 언성을 높여 싸우고 나면 반드시 후회될 때가 많다. 조금만 지나고 나면 그렇게 중요하지도 않은 일이 대부분의 일이었다. 싸움은 나와 하는 것인데 항상 가까운 사람과 하게 된다. 지는 것이 이기는 것이었다. 내가 원하는 것을 이뤄내는 행복한 삶이다.

집에서 무슨 일이 있었는지 사무실 들어오면서 인상 쓰고 들어오는 사람도 있다. 배려심이 없는 사람이다. 설사 좋지 않은 일이 있어도 남들이 눈치 챌까 더 웃어야 한다. 인상 쓰고 있다는 것은 마음이 구겨져 있는 표시이다. 그런 마음 상태에서 일할 때 누가 나에게 제품을 사며 중요한 일을 맡기겠는가? 손해 보는 행동을 무심결에 하고 있으니 싸워 보지도 못하고 지는 것은 당연하다. 져주는 여유는 본질적인 문제해결 방법이라는 것을 알기에 주어진 상황을 책임지겠다는 다짐이 들어간 태도이다.

고객을 비롯하여 사람과의 만남에서 빨간색을 검은색이라고 우기면 굳이 바로잡을 필요가 없다. 중요하지도 않고 시간이 지나면 알게 된다. 져주고 나는 소중한 사람을 얻으면 된다.

많이 파는 것이 이기는 것이고 살리는 일이다.


열심히 일하다 보니 화장품 사내 강사로 강의하게 되었다. 사람들 앞에서 처음 해보는 강의는 밤을 새워 공부한 내용을 긴장으로 머리가 하얘지고 제대로 할 수 없었다. 앉아 있는 선배들은 얼마나 잘하나 두고 보자는 눈으로 자기들끼리 마주 보며 웃는 모습이 비웃는 것처럼 느껴졌다. 시간이 어떻게 흘렀는지 진땀을 흘리며 마무리로 했던 말은 지금도 생생하게 기억된다. '열심히 해서 가문을 바꾸는 사람이 되고 싶습니다.'

그때부터 더 열심히 일했고 강의 준비도 열심히 했다. 나중에는 여러 곳을 다니며 종일 강의해도 지칠 줄 모르는 강사가 되었다. 오로지 나와 싸움하며 몸으로 부딪치며 시간을 보내고 나니 이렇게 성장할 수 있었다. 그때 힘들다고 엄살 부리고 남 탓이나 하고 주저앉았다면 지는 게임이었고 부딪치며 시시비비를 가리려 했다면 서로에게 이로울 것 없는 싸움이었을 것이다.

보이지 않는 꿈, 비전을 향해서 가고 있으면 싸우지 않고 이길 수 있다. 이겨놓고 싸우는 원리이다. 보통의 우리는 보이는 것 가지고 싸우게 된다.

나는 매일 동료들과 함께 먹을 간식을 준비해서 출근했다. 입이 열려야 귀가 열린다. 먹으면서 활동 계획도 세우고 애로 사항도 공유하며 아이디어도 나누었다. 팀원들과 아침 교실 후 다과를 나누다 보면 옆 팀에서 와서 먹으려고 했다. 얼른 나누어 주었다. 우리 팀원들은 매일 자기들은 빈손으로 와서 우리 것 가져간다고 불평할 때 나는 많이 먹으면 살찌니까 나누어 먹자고 했다. 그때는 그냥 좋아서 했는데 지는 것이 이긴다는 것을 지나고 나서 알게 되었다.


등산복인지 외출복인지 구분이 안 되는 옷을 입고 출근하는 흐름을 바꾸기 위해 정장 3벌을 사서 매일 바꿔 입었다. 옷을 잘 입으면 만나는 사람들은 기분 좋게 하고 나에 대한 대접이 달라진다. 사무실 분위기가 화사하고 활기찬 직장 분위기로 서서히 변해갔다. 교육을 받으러 갈 때도 옷을 몇 벌씩 가지고 가서 매일 갈아입었다. 누군가에게 동기부여를 할 수 있다는 것이 이기는 것이다. 출근했다가 집으로 바로 가는 흐름을 바꾸기 위해 날마다 파라솔을 펴고 개척 활동을 했다. 저녁에는 꼭 귀소해서 일과를 정리했다.

서서히 일하는 분위기로 흐름이 바뀌어갔다. 밝고 좋은 에너지는 함께 일하고 싶은 사람들이 따라오는 계기를 만들어주었다.

그러던 중에 내가 증원에서 함께 일하던 팀원들에 대해서는 1%의 수당이 지급되는 제도가 생겼다. 5천만 원의 1%는 50만 원이었다. 얼마나 크게 느껴지고 신기하기도 하고 재미있었다. 내가 일한 것이 아닌 덤이라는 생각에 선물도 사주고 회식도 하고 신나게 썼다.

누구나 내 것이 아깝지 않은 사람은 없을 것이다. 몸이 있는 곳에 마음을 두게 된 나는 집에서 제일 예쁜 찻잔은 사무실로 가져와서 사용했다. 그때 마음이 좋은 것은 나 혼자 쓰는 것보다는 함께 쓸 때 더 가치가 있다고 생각했다.

조용히 흐름을 바꾸는 것이 싸우지 않고 이기는 것이다. 어디든 사람이 모이는 곳은 하나 되기가 쉽지 않았다. 특히 영업이라는 일의 특성상 자기 사업이기에 누구의 간섭도 받고 싶지 않기 때문이다. 매사 부딪치며 에너지를 엉뚱한 곳으로 허비하게 된다. 소리 없이 흐름을 바꾸는 일이 진짜 이기는 것이다. 달라하면 조건 없이 주고 또 준다. 져주는 것 같지만 나는 그런 과정에서 신뢰와 실력과 사람을 얻게 되었다.

아 저 사람이 성실한 사람 부지런하고 믿을 만한 사람, 보이는 모습이 명함이 되었다. 이런 습관으로 행했던 작은 일들이 모여 사람을 얻게 되었고 이루고자 하는 일도 쉽게 이뤄낼 수 있다. 일은 사람이 한다. 같은 편끼리는 잘 지내야 하는데 사람은 생각도 복잡하고 사는 것도 복잡하게 산다. 그래서 같은 편끼리 싸우게 된다. 그 속에 들어가서 보면 나만 옳고 우월하다는 착각과 교만에서 비롯된 현상이다.

일과 관계없는 것은 다 져주고 일이 잘되는 것은 조용하지만 단호한 마음으로 물길을 논으로 바꿔 주듯이 흐름을 바꾸는 데 힘썼다. 서로 돕고 일 잘하는 문화를 만들다 보니 분위기도 좋아지고 직원 각자의 품격도 달라졌다.


중국의 인구는 나타난 것만으로는 14억이고 대략 16억 정도로 추산되고 있다.

인도의 인구는 13억 정도이다. 중국을 왜 대국이라 하는가? 사람 수가 많기 때문이다. 일본은 더 잘 살지만, 대국이라 하지는 않는다. 사람 숫자가 작기 때문이다. 구소련이 쉽게 무너진 여러 가지 이유가 있지만 1억 4천만 정도밖에 되지 않는 인구수이다. 사람 숫자가 너무나 중요하다는 것을 알기에 끊임없이 이민자를 받는 경제 대국 미국은 3억 3천만이 넘고 있다.

이기려면 숫자를 모르면 안 된다.

내가 일하는 장소를 꿈을 이루는 행복한 일터가 되기 위해서는 습관적으로 움직이고 꾸준한 표준 활동이 문화로 정착되면 저절로 굴러가게 된다. 그렇게 되기 위해서는 시작은 1명부터 되는 것이다. 양 속에 길이 열린다. 1명을 잘하도록 가르치고 동기 부여해주면서 정착시키면 2명이 되고 3명, 10명이 된다.

이기기 위해서는 국가도 아기를 많이 낳는 정책을 만들어야 하고 내가 하는 영업도 사람 수에 따라서 결과가 달라진다. 싸우지 않고 이기는 법칙은 아무 계산하지 말고 사람의 수를 늘리는 일이었다. 사람의 숫자에 의해서 힘이 결정된다. 인원이 너무 적으면 서로가 눈치 보고 뭔가 자신에게 부담 줄까 봐서 피하게 된다. 숨을 곳을 찾는 것이 사람 심리이다. 인원수가 적으면 출근이 부담스럽다. 사람들이 식당에서 줄 서서 기다리는 것은 사람의 심리가 사람이 많은 곳에 모이고, 끌리게 되기 때문이다.

이기려면 사람 수를 늘리는 것이다. 세상에 큰 것은 없다. 작은 것이 큰 것이다.

## 04

# 나의 인생 목적지는 행복이다

　나는 잘살고 있는 걸까? 나는 무엇을 할 때 행복할까? 나는 어떻게 살 때 행복할까? 누구와 함께할 때 행복했나? 어떻게 해야 덜 후회하며 살까? 수없이 많은 질문을 나에게 한다.

　행복은 멀리 있지 않았다. 늘 나와 함께 하고 있었다. 아담한 카페에서 좋아하는 빵을 먹으며 커피를 마실 때 행복하다. 소박하고 자유롭게 피어있는 들꽃을 봐도 행복하다. 하루를 수고로 마치고 마주 앉은 소중한 사람들과의 저녁상이 행복하다.

　가치 있게 살고 싶다고 다짐할 때 행복하다. 내가 판매하는 나의 제품을 먹고 아토피가 좋아지고 관절염이 좋아졌을 때 날아 갈듯이 행복했다. 이렇듯 행복한 이유는 헤아릴 수 없을 정도로 많았다.

지난날을 생각하면 무의미하고 무지하고 부끄러워 얼굴이 붉어진다. 몰라서 그랬고 힘이 없어서 그렇게 행동했다. 나를 바꿀 수만 있다면 의미 있고 보람 있고 가치 있게 살고 싶었다. 하루하루 최선을 다했다고 생각하고 뒤돌아보면 여전히 미성숙하다. 틈만 생기면 교만이 머리를 들고 올라왔다. 아차 또 속았구나! 알게 되지만 반복된다. 아무리 나이가 많아도 오늘 처음 살아보는 삶이기에 그런가보다.

스스로 이만하면 잘했어. 인정하는 모습으로 살아내고 싶었다. 많은 실수와 부족함이 있었지만, 다시 일어났기에 오늘의 모습으로 살 수 있다고 위로하며 산다. 과거는 바꿀 수 없지만, 발판으로 오늘과 내일을 위해 살아야 한다. 오늘은 내일의 시작이다. 과거는 나의 스승이 되었기에 실수도 하고 발전도 할 수 있었다.

여전히 오늘 나는 최선을 다했지만, 시간이 지나고 나면 아쉬움이 남는 이유는 앞으로 살아가는 동안에 성장의 시간이 남아 있기 때문이다. 작은 성과에 만족하지 않고, 자랑하지 않으리라 다짐했다. 어떡하면 겸손하게 나를 만나는 사람들에게 일의 가치와 나의 가치를 전할까? 생각하다가 희생, 봉사, 웃음 짓는 사람으로 살자고 마음으로 다짐했다.

첫 번째, 행복하기 위해 희생하기로 마음을 먹었다. 달걀이 스스로 깨고 나오면 병아리가 되고 남이 깨주면 프라이가 된다. 나 스스로 해내는 것은 생명력이 강하다. 행복도 내가 만들어 갈 때 소중한 것을 알기에 행복했다. 내 가족의 어떤 어려움도 내가 책임지고 감내해내겠다는 각오를 했다. 살다 보면 누구에게나 한 번쯤은 아무에게도 말 못할 어려움이 있다. 그럴 때 묵묵히 이겨내면서 그 누구에게도 말하지 않았다. 말하면 듣는 사람 힘들게 할 뿐만이 아니고 해결되지도 않는다. 어떻게든 주어진 현실을 이겨서 바꿔내려고 온 힘을 썼다. 일할 때도 형제, 동료, 누구에게도 힘들다, 그만둔다는 소리 하지 않았다. 그만둔다는 소리 하는 순간이 그만두는 날이 된다는 걸 알았다. 입에서 나오는 말은 현실이 된다는 걸 그때 알았다. 뜻대로 다 이뤄내지는 못했지만 지금 생각해도 나 자신에게도 누구에게도 당당할 수 있는 계기와 경험이 되었다.

희생한다고 무시당하거나 자존심 상하고 내가 없어지는 것이 아니다. 희생하면 할수록 살리는 사람이 되었고 더욱 빛날 수 있었다.

누군가에게 나의 말 한마디, 한 번의 방문이 희망이 될 수 있고 필요한 영향력을 줄 수 있을 때 행복했다.


두 번째, 행복하기 위해서 봉사하리라 마음을 정했다. 봉사는 사원과 고객에게 나를 아는 사람들에게 봉사하겠다는 다짐이었다. 또 모르는 사람에게도 영향을 미칠 수 있는 봉사라는 의미는 넓다. 한이 없다. 잘 모르지만 할 수 있는 것부터 했다. 봉사의 처음 시작은 교회에서 청소 봉사, 식당 봉사, 주일학교 봉사, 꽃꽂이 봉사를 시작했다. 시골교회에 봉사도 시작했다.

회사에서는 밥을 해서 동료들과 함께 먹었다. 많은 밥을 해본 적이 없었지만, 마음을 가지고 하니 먹어주는 사람들이 맛있어했다. 나중에는 영력을 넓혀서 바자회를 통해서 옷, 파전, 김밥 등을 판매하여 마련한 기금을 가지고 소년 소녀 가장 돕기, 장애아 방문하여 함께 도와주기, 누워 있는 노인 찾아가서 함께했다. 나중에는 '백향목'이라는 모임을 만들어 소득 일부를 매달 모아서 장학금으로 먼 타국에 학비를 보냈다. 보람과 가치를 느낄 수 있었다.

그러면서 내가 하는 직업이야말로 '진정한 봉사'라는 것을 깨닫게 되었다. 봉사는 몸으로 할 수 있고 물질로 할 수 있다.

내가 할 수 있는 봉사는 돈 버는 봉사라는 사실을 알게 되었다. 동료들과 함께 많은 사람이 어제보다 오늘이 건강하고 내일이 더 면역력이 높아지고 건강하고 아름다워질 수 있도록 길잡이가 되어주는 일이다. 내가 지금 할 일이 무엇인지 알고 성실히 실천하는 것이 봉사라 생각했다. 나의 소득은 돈 버는 봉사를 얼마나 잘했느냐에 따라 달라진다. 반드시 다른 사람을 좋아지게 해주어야 내가 좋아진다.

세 번째, 행복하기 위해서 웃음이다. 웃을 수 있다는 것은 감사함의 표현이다. 웃을 일이 생겨서 웃는 것이 아니고 웃다 보면 웃은 일이 생긴다는 말은 변함없는 진실이다.

　상대방은 나의 거울이다. 내가 웃어주면 상대방도 웃어주고 내가 인상 쓰면 상대방도 인상 쓰는 것이다. 모든 것은 반사되어 돌아온다. 웃음도 감사도 미움도 건강도 건강할 때 저축해야 하고 감정도 저축이다. 좋은 감정을 저축해두었다가 좋지 않을 때 꺼내어 쓸 수 있는 것이다. 누구나 행복하게 살길 원한다. 나도 행복하기 위해서 웃으며 산다.

　누구에게나 인생은 소중하다. 소중한 인생인데 얼마나 웃고 사는가? 소중함을 유지해가도록 도와주는 지렛대 역할을 해주는 것이 목표라고 생각한다. 시간 내서 100가지든 1000가지든 내가 원하는 목표가 이뤄진 다는 것을 믿고 기록해보는 것은, 행복으로 가는 길이라 생각된다. 목표 는 삶의 모든 분야에 적용된다. 가장 먼저는 가족에 대한 목표, 일에 대 한 목표, 건강, 경제, 등을 크게 정하고 실천은 쪼개서 실천해 가면 된다. 모든 것을 다 가지고 있어서 목표가 없다면 스트레스도 없지만, 의욕도 없어지고 재미없는 인생이라 생각한다.


　나는 나이가 많아도 항상 젊다는 마음으로 산다. 아직 이루고 싶은 꿈 이 많아서이다. 하고 싶은 것이 많기에 목표도 많다. 그래서 늘 바쁘다. 이룰 꿈에 대해서 고민하는 시간이 행복하다. 목표를 향해서 달려갈 때 순간순간 희열을 느끼고 보람도 느끼게 된다. 한 가지씩 이룰 때마다 행 복했다. 하고 싶고 해낼 일이 있어 행복했다. 행복하기 위해 목표는 필수

조건이다. 목표는 행복으로 가는 지름길이었다.

해보고 싶은 건 다 경험해보자는 것이 평소의 나의 지론이다. 일도 하면서 시대별, 계절별, 스타일을 바꾸며 입고 싶은 옷 실컷 입어보았다. 명품 가방, 신발, 시계, 스카프, 외제차도 타 보았고 해볼 만큼 해보았다. 강이 보이는 원하는 집에서도 살아보았다. 많은 나라를 여행하며 좋아하는 미술관에서 그림도 실컷 구경했다. 맛있는 것도 먹어보았다. 모든 것들은 경험이라고 생각한다. 기회 될 때마다 하고 싶은 것들을 경험했다.

지금 할 수 있는 것부터 하면 된다. 작은 제비꽃을 보고도 행복하다. 좋아하는 것을 경험해 보는 것은 행복한 일이었다. 사랑하는 사람에게 좋아하는 것을 해줄 수 있는 것처럼 행복한 일도 드물다. 지금 나는 아침 햇살이 행복하고 감사하다. 아침마다 있는 것에 감사하고 앞으로 있을 일을 일기를 쓴다. 두 다리로 걸을 수 있어서 감사하고 이 세상이 맛있는 음식이 너무 많아 감사하고 소화가 잘되니 맛있는 걸 먹을 수 있어서 행복하다. 나를 필요하게 해주는 가족과 동료들이 있으니 감사하다.


오늘도 눈만 뜨면 예쁘고 깨끗하게 준비해서 출근할 수 있고 일할 곳이 있으니 행복하다. 예쁜 잔에 커피를 마실 수 있는 여유가 너무 행복하고 감사하다. 꽃을 사고 싶을 때 살 수 있어 행복하다. 어디든 가고 싶을 때 갈 수 있고, 자고 싶을 때 잘 수 있는 오늘이 행복하다. 많은 이유 중에서 행복을 선택하며 사는 긍정적인 사람이어서 행복하다. 내가 선택한 희생, 봉사, 웃음은 행복이라는 목적지로 갈 수 있도록 함께 해주는 친구들이다.

**05**

# 일복이 가장 큰 복이다

지금 생각해보니 일이 없었다면 그 많은 시간을 나는 어떻게 보내고 있었을까? 무슨 일을 어떻게 하며 살아야 할지 모르던 나에게 영업이라는 일은 어떻게 살아야 할 것인가에 대한 방법과 삶의 태도를 배울 수 있었으며 가르쳐 주었다. 내게는 일이 필요했고, 할 일이 생겼다. 잘할 수 있을지에 대해서 생각하지 않았다. 대단한 빛이었고 희망이었다.

일이 생겨서 갈 곳이 있다는 것만으로도 너무 좋았다. 감사합니다. 감사합니다. 반복하며 사무실 바닥을 밀대를 쓰지 않고 누워서 자도 될 정도로 앉아서 깨끗하게 닦았다. 그때부터 내 눈에 보이는 것은 다 일이었다. 화장실 청소를 하고 책상을 닦고 커피를 타고 인사를 하고 판촉 활동 나가고 밥도 하고 이 모든 것이 일이고 복이었다.

고객 집을 방문했을 때 아기 엄마가 아기 때문에 힘들어서 설거지도 쌓아 놓고 있으면 설거지를 해주고 빨래도 개주고 식당에 활동을 가서는 그릇도 치워주었다. 막내로 크면서 해보지 않은 일이어서 느리고 잘하지는 못했지만 일을 찾아서 해주고 싶었다. 나의 본업은 좋은 제품을 알리고 판매하는 일이기에 거기에 맞는 일 마사지도 해주고 눈썹도 골라주었다. 할 일이 있다는 것만으로도 너무 좋았다. 매일 책만 보고 음악만 들으며 머리로만 생각했던 일을 몸으로 직접 할 기회가 나에게 생겼다. 덤으로 누군가에게 도움을 줄 수 있다는 사실이 너무 기뻤다.

나는 매일 일을 사서 만들었다. 꽃축제도 만들고 딸기 축제도 만들었다. 방문만 해도 상품을 체험할 수 있는 체험단도 만들고 상품권도 준다. 래프팅도 가고 스키 타러도 갔다. 그 외에도 하고 싶은걸 다해본다. 나만의 일 스타일이다. 쉬면서 일해야 능률도 오르고 잘할 수 있다고 하지만 성격이 느려서 그런지 나는 일 속에 있어야 집중되고 다음 단계도 보였다. 며칠만 일을 떠나서 놀다 와도 어색하고 며칠이 지나야만 원위치로 집중해서 갈 수 있었다.

그렇게 많은 사람을 만나며 얼마나 힘들었냐고 말할 수 있지만, 일의 소중함과 참 행복을 모르기 때문에 하는 말이다.

인간관계의 스트레스도 일하면 해결되었고 목표에 대한 두려움도 일할 때 해결되었다. 나에게 일은 기도이고 노동이며 운동이고 휴식이다. 일은 나를 사랑하는 방법이고 성장의 기회였다.

본질적인 해결을 일에서 찾았다. 비단 영업하는 일만이 아니고 집안일이든 재테크 일이든 다 같은 일의 선상이고 같은 마음이다. 놀 때 행복한 사람도 있겠지만 나는 일할 때 살아 있음을 느낄 수 있고 행복하다.

55세에 은퇴해서 산속에서 책 읽으며 된장 담그며 살려고 했다. 만약 된장을 만들고 있었더라도 사람을 불러서 나누어 주고 있었을 것이다. 지금도 가끔 수십 통의 메주를 사서 된장을 담가서 동료들과 나눠 먹고 있다.


고객은 단순히 제품만 사주는 것이 아니라 때로는 스승이고, 가족이고 친구이고 길이 되어 주기도 한다. 누구든지 만날 때는 깨달을 이유가 있고 만날 이유가 있었다. 영업이라는 내가 선택한 일은 하면 할수록 덕을 쌓고 나눌 수 있는 일이었다. 해도 해도 모를 나의 밑바닥이 드러나서 겸손하고 착하게 변하지 않으면 잘하며 지속하기 힘든 일이었다. 나도 변하게 만들고 부자도 될 수 있는 이보다 더 이득이 되는 일은 드물다.

내가 유일하게 나에게도 동료에게도 화를 내는 부분은 해 보지도 않고 서로를 죽이는 부정적인 말할 때이다.

신이 인간을 만들 때 불가능은 없게 만들었다고 했는데 저 사람만 할 수 있고 나는 못 한다고 말할 때 선의의 화를 낸다. 전국 1등 저 사람이 해낸 일이라면 나도 할 수 있다는 것이 나의 생각이다. 그릇을 키우고 싶어서 피하지 않고 몸으로 부딪치며 사람과 현장 속에서 살았다. 어떡하면 어제보다 일을 잘할 것이며 더 사랑하며 살 것인가 생각하며 일했다. 신기하게도 한 명을 앉혀놓고 교육하라 해도 싫지 않고 내가 아는 모든 것을 말해주고 싶은 열정으로 한 시간이 부족했다. 내 속에는 이런 마음이 있었다.

일이란 모나고 부족하지만 내 속에 있는 속사람을 찾아서 빛나게 가꿔가는 과정이라 생각한다. 이 순간도 나처럼 무슨 일을 해야 할지 모르고 한 번도 맘껏 꿈을 펼쳐보지 못하고 사는 사람이 있다면 용기를 내보라고 말하고 싶다. '그 누구도 모른다. 내가 어떤 일을 좋아하는지, 잘할 수 있는지, 부딪쳐봐야만 알 수 있다.' 출근이라는 작은 일부터 행동해보라고 말하고 싶다. 분명한 사실은 몸을 움직이다 보면 머리도 따라서 움직이게 되어 있다.

무슨 일을 해도 행동 먼저 하고 생각하면서 달려갔다. 판매하러 필드에 나가서도 사람은 누구나 소중하니까 보이는 장점을 마음으로 칭찬하여 벽을 허물었다. 다른 미사여구로 뜸 들이지 않고 회사의 히스토리와 제품 설명, 예방 건강부터 바로 들어갔다.

판매 기법이 나와 있는 책에는 나를 먼저 팔고 제품을 나중에 팔아라 한다. 나는 준비하고 고객을 만나러 갔기에 보이는 첫인상으로 먼저 나를 팔아야 한다고 생각했다. 그래서 누구를 만나도 항상 첫 만남이라 생각하고 준비를 철저히 하고 누구든 만났다. 나에겐 '지금'이라는 제일 큰 시간 자산밖에 없으니 시간을 벌어야 했다.

처음 필드에 개척을 나갔을 때는 지금 말을 꺼내야 하나? 다음에 해야하나? 마음으로 갈등만 하다가 말도 못 꺼내고 허탈하게 돌아서는 경우가 많았다. 그렇게 몇 번을 망설이고 시간만 보내다 보니 그러기 싫었다.

나만의 방법은 만나서 경계의 벽을 허문 다음엔 먹여주고 발라주고 체험으로 느낌을 느껴보게 했다. 그런 다음 바로 건강과 아름다움에 대한 제품 판매 클로징으로 들어갔다. 나는 언제 어디서나 누구를 만나도 명함이나 전단을 준다, 싫어하는 사람 좋아하는 사람은 어차피 반반이다. 영업하는 나를 싫어한다고 오해의 생각을 하지 않았다. 우선은 내가 싫은 사람이라 하더라도 시간이 지나면서 내가 필요하고 좋아하는 사람으로 변하게 된다는 믿음이 있었다. 나중에는 시간이 부족해서 나를 만나고 싶어 하는 사람도 못 만나게 되는 일이 생기게 되는 것이 우리 일이다.

누구에게나 주어진 시간은 24시간이다. 확률을 높이려면 IN PUT을 많이 해놓아야 OUT PUT이 많아진다는 것이 내 생각이다. 무엇보다 언제 다시 만날지 모르기에 만났을 때 나를 알려놓고 연락처도 받는 것이 내가 실천하는 기본 활동이다.

내가 일하고 있는 남양 알로에(유니베라)가 다른 사람들에게 도움 주는 일이라는 믿음과 확신이 있기에 그렇게 할 수 있었다. 나에게도 남에게도 부끄럽거나 해로운 일이라면 안 했을 것이다. 나도 고객이고 나에게 제품을 구매하는 사람도 고객이다. 같은 위치 고객으로서 돈을 조금만 투자하면 최상의 제품을 만날 수 있다.

영상 35도의 열대지방에서 농부들이 유기농으로 농사지어서 교수, 박사님 과학자들로 이루어진 연구진들이 한 제품 당 수십억 원씩 들여서 연구해서 만든 제품을 편안히 앉아서 서비스까지 받으며 먹을 수 있다는 건 너무 행복한 일이다.

몰라서 못 먹고 못 바르는 사람도 많은데 너무나 다행한 일이다. 남보다 고혈압, 당뇨, 면역력 저하 같은 질병을 예방할 수도 있으니 너무나 감사한 일이다. 이렇게 소중한 일이기에 더 잘하고 싶고 많이 하고 싶은 일이다.


나중에 더 높은 경지에 도달하게 되면 신중하게 생각하고 중요한 타이밍을 찾아가며 일하겠지만 지금의 나는 '무대뽀 정신!!' 경상도 표현으로 '씨브려라(우선 먼저 씨를 뿌리자)'이다. 씨를 심어야 열매가 열린다는 것은 누구나 아는 진리이다.

땀 흘리며 자신의 꿈을 향해서 한발씩 나아가고 내 아이를 잘 키우고

자 열악한 조건 속에서도 당당하게 일하는 여성은 아름답다. 어떤 일을 하느냐도 중요하지만 어떤 마음으로 일하느냐가 중요하다. 거품으로 일하지 않고 낮은 곳에서도 마다하지 않고 언제나 어디서나 성실하게 일하는 사람은 위대하다. 나 역시 건강이 허락될 때까지 사람 살리는 전문가로 치유 서밋으로 살고 싶다. 사람들과 만나고 부딪치며 오늘 나에게 주어진 일부터 실천하며 사는 일이 행복하면서도 부자로 사는 삶이라고 생각한다.

## 06
# 나는 다시 태어나도 영업맨이 되리라

마음속의 나는 늘 보람 있고 가치 있고 멋있게 살고 싶었다. 베풀며 살고 싶고 사랑받고 사랑하면서 살고 싶었다. '주부 사원모집'이라는 글이 눈에 들어왔다. 그 글귀에 이끌려 들어간 장소가 남양 알로에(지금의 유니베라)였다. 영업이 무슨 일을 하는 건지 어떻게 하는지도 모르고 주부가 하는 일인 줄 알고 나의 영업 인생은 시작되었다.

영업을 하지 않았더라면 무슨 일을 하며 어떻게 살고 있었을까? 가끔 생각해본다. 나는 내가 게으르고 나태하고 무능력한 사람인 줄로만 알고 있었다. 그러나 그렇지 않다는 것을 알게 되었고, 일을 사랑하는 사람이라는 것도 알게 되었다.

부정과 두려움으로 속고 살고 있다는 것도 깨닫게 되었다. 부끄러움이 많았던 나는 사람을 좋아한다는 사실도 몰랐었다. 수동적인 줄로 알고 있던 나였다. 아직도 나는 내가 어떤 사람이며 무엇을 잘할 수 있는지 찾아내는 과정에 있다.

때로는 모르는 것이 약이 될 때도 있었다. 나는 그때 영업이 무슨 일을 하는지 몰랐었다. 영업을 시작하고 30년이 지난 지금 생각해보니 너무나 감사하고 다행인 것은 막연한 생각으로 영업을 선택했다는 사실이다. 지나고 보니 나만 열심히 해도 안 되는 것이 많았었던 시절이었는데 '나만 열심히 하면 되겠네.'라고 판단한 사실이다.

사람들에게 '함께 유니베라 하자'고 하면 해보지도 않고 무조건 못한다고 한다. 너무 잘해야 한다는 선입견과 잘하고 싶은 욕심이 앞서서 일 것이다. 처음에 나는 뭐가 뭔지 몰랐기에 하루하루 공부한 내용을 생각나는 대로 전해보았다.

그 당시 내 생각은 나부터 사람답게 살 수 있도록 노력하는 일이 기본이 되어야 한다고 생각했다. 또 영업맨의 기본정신이 되어야 한다고 생각했다. 무엇보다 중요한 사실은 행동을 통해서만이 결과를 만들어 낼 수 있다는 것을 알게 된 것이다.

장사는 참 정직했다. 내가 흘린 땀만큼 대가를 주었다. 어쩌면 내가 한 것보다 이자를 쳐서 더 많은 것을 줄 때도 있었다. 감사와 여유와 같은 마음공부를 할 수 있었던 것도 영업했기 때문이었다. 영업은 내 마음속에 있었지만 숨겨져 있어서 모르고 살았던 것을 찾아가는 과정이었고 하고 싶은 것을 할 줄 알게 하는 용기를 주었다.

꼭 해야 하는 것은 할 수 있도록 자유를 누릴 수 있도록 해주었다. 거의 모든 일이 그렇지만 특히 더 영업은 사랑하는 마음이 생기지 않고는 지속해서 잘 해낼 수 없는 일이라 생각된다. 좋은 점만을 보려고 노력할 수 있어서 좋았다. 장점만을 보는 습관은 내가 장점이 많은 사람으로 가는 길이 되었다.

장사는 돈을 버는 것은 당연하고 인생 수업이고 수행이었다. 굳이 산속에 들어가서 마음을 비우고 도를 닦는 일을 안 해도 된다. 내가 판매하는 제품으로 당당하게 다가가서 가치를 전달하며 써보게 하고 느껴보게 하고 함께 공유하다 보면 나 자신이 레벨업 되었다. 거절을 당해도 '나는 사람들에게 도움 주는 사람이다.'라고 생각하고 행동을 꾸준히 하다 보니 그릇이 커지고 있음을 알게 되었다.


영업을 알게 되면서 주도적인 삶을 살 수 있게 되었고 삶에 필요한 것들을 이룰 수 있는 용기와 희망이 생겼다. 목표와 꿈을 꾸고 이루게 해주는 것도 영업이었다. 앉을 때와 일어설 때 물러설 때도 배우게 되었다.

언제나 어디서나 누구를 만나도 대화할 수 있을 것 같고 눈높이를 맞추며 웃을 수 있을 것 같다. 항상 내가 돈을 내고 대접해야만 되는 줄 알았다. 옆에서 지켜보던 아이가 왜 엄마만 매일 사? 그렇게 질문해도 그렇게 사는 것이 당연한 줄 알았다.

내면에 숨어 있던 정신세계를 배울 수 있는 고문님을 만나서 배우게 되었다. 때로는 대접받을 수도 있어야 건강한 마음으로 살 수 있음을 알게 되었다. 어떡하면 고객과 나를 아는 사람에게 도움을 줄까? 생각한다. 거절을 당해도 언젠가는 내가 하는 일과 나를 알게 되면 좋아할 것이라는 믿음으로 일했다. 사실이 그랬다.

만나는 사람에게 내 이름이 적혀 있는 명함을 줄 수 있고 웃을 자격이 주어지는 일이 영업이다. 아무에게나 웃는다면 무슨 꿍꿍이지? 오해하고 이상하게 생각했을 것이다.

또 고객에게만 웃어주고 옆 사람에게 쌀쌀맞은 사람은 매력이 떨어진다. 누구를 만나도 웃어주는 사람으로 살 수 있다는 것 또한 행운이다.

영업하면서 멋있게 잘 살고 싶었기에 창의력이 생겼다. 백세시대 정년이 없이 일할 수 있다는 사실이 큰 안정감을 주었다. 하마터면 꿈이 무엇인지 모르고 살 뻔했는데 꿈을 꾸고 이루며 살 수 있는 인생이 되어갔다.

나의 많은 꿈 중에 한 가지는 교회 100개 개척하는 것이다. 나를 모르고 무지하게 살던 나는 하나님을 만남으로 자유가 무엇인지 알게 되었다. '진리를 알지니 진리가 너희를 자유롭게 하리라.'(요한복음 8장 32절)

자유는 미리 사서 하는 고생이 행복으로 가는 길이라는 것은 깨달았기에 기뻤다. 100개 하면 거창하게 느껴지지만, 우리나라의 70년대를 생각해보면 비만 안 들어오게 하고 의자만 놓으면 된다.

천만 원 정도면 교회를 개척할 수 있고 천만 원 100개 면 10억이면 된다. 그런 마음으로 필리핀 팔라완에 3번째 교회를 천만 원으로 세울 수 있었고 악기를 준비하여 밴드부도 결성시켰다. 입당 예배를 드리러 갈 때 2천만 원을 들여가자고 간부들과 떠났다. 개발되지 않은 자연 그대로의 청정 지역 팔라완섬의 푸른 바다의 색깔이 아직도 잊히지 않는다.

푸른 바닷속 형형 색깔의 물고기와 산과 들의 나무와 꽃들은 정말 아름다웠다. 일하면서 누적돼 있던 모든 것들을 잊고 나의 식구들은 행복해했다.

바다에서 금방 잡아 올려서 배에서 처음 먹어보는 큰 새우와 바닷가재 등의 해산물의 맛은 아직도 잊을 수 없다. 자연 속에 빠진 우리 간부들과 더불어 먹었기에 더욱 맛있었다. 밤에는 바닷가에 바로 붙은 리조트에서 하늘의 별을 보며 파도 소리를 들으며 백사장에 누웠다. 너무 편안하고 행복한 시간이었다.

낮에는 교회를 방문하였다. 개척한 컨셉션 교회에서 더듬거리는 영어로 한 사람씩 붙잡고 하나님 자녀되는 길로 영접 기도를 하였다. 그 모습을 옆에서 지켜본 우리 수석지부장님이 "국장님, 그러지 말고 한국말로 하지요." 그 순간 아, 맞다! 하나님은 한국말 영어 다 알아들으시지! 한국말로 붙잡고 영접했다. 나는 영접이 무엇인지 모르고 교회를 수십 년 다녔다.

교회당에 가기만 하면 하나님 자녀가 되는 줄 알았다. 환경이 여의치 못해서 교회에 못 가도 하나님 자녀가 되는 길이 영접이라는 걸 알고 난 뒤 나는 누구를 만나도 영접을 시켜서 하나님 자녀 되는 특권을 줄 수 있었다.

전지전능하신 절대자 하나님이 내 아버지 되는 방법이 너무 쉽다. 입으로 말하면 되었다.

울퉁불퉁 비포장도로를 지나서 다른 교회로 갔다. 아이들이 수백 명 있었다. 그때는 3명이 조를 짰다. 한 사람은 간식을 나눠주고 한 사람은 모아주고 나는 영접 기도를 했다. 이번에는 수십 명씩 합창으로 했다. 밤하늘에 퍼지는 아이들의 청명한 영접 기도 소리는 그 어떤 음악 소리보다 아름답게 울려 퍼졌다. 지금도 내 가슴에서 울려 퍼지는 가장 기쁜 소리이다.


나는 영업을 하지 않았다면 나밖에 모르는 좁은 사람이었을 것이다. 어떤 일을 좋아하고 보람을 느낄 수 있는지 모르고 살았을 것이다. 가치 있게 사는 것이 무엇인지 몰랐었다. 많은 사람을 만나서 사랑하고 사랑받으며 나의 정체성과 해야 할 일들을 찾아가고 있다. 아침마다 만나는 사람들에게 동기부여하고 꿈을 꾸게 하고 함께 목표를 이뤄가는 행동 방법을 전하고 있다.

영업은 나만의 틀 속에서도 자유로울 수 있었다. 미래를 기대하며 살 수 있었다.

누구를 만나도 마음속에 자리한 것들은 꺼낼 수 있도록 말할 것이다. 지식보다는 태도가 중요하다. 나는 엄두도 못 내고, 생각도 안 해본 교회 꽃꽂이를 30년 이상 자비로 할 수 있었다. 건강과 아름다움을 전하는 가치 있는 영업을 30년째 하고 있다. 그러다 보니 부자에게도 아낌없는 하루, 하루 열심히 사는 사람에게도 찬사와 존경을 보낼 줄 아는 마음의 여유가 생겼다.

가난한 사람에 대해서도 별거 아니라고, 할 수 있다고, 괜찮다고 마음을 전할 수 있는 담대함도 영업 덕분이었다. 영업은 오늘의 내가 있게 해준 고마운 깃발이다. '나 여기 있어요.' 항상 흩날려 주는 깃발이었다. 억울해서 힘들어서 포기하고 싶어서 울었던 눈물을 감사해서 울고, 감동하고 고마워서 울게 해주는 깃발이다.


사람에게 가장 필요하고 중요한 일은 건강하게 사는 일이다. 행복하려면 건강해야 한다. 건강에는 육체적 건강과 마음의 건강이 있다. 소아병적인 생각을 하게 되면 나만 손해보는 것 같고 나만 미움 받는 것 같은 생각에서 마음이 아프게 된다. 지혜로운 사람과 그렇지 못한 사람 차이는 마음의 차이였다.

사람을 많이 만나는 기회가 주어진 일이 영업이었다. 나만 불리한 것처럼 생각하던 소아병적 마음도 치유되었다. 마음 아픈 사람을 위로할 수 있었다.

육체적으로 불편하고 마음이 아픈 사람을 도와줄 수 있는 소중하고 귀한 일이 내가 하는 건강 전도사 영업이다.

# 07
# 고객에게 답이 있다

영업이라는 일을 하면서 많은 사람을 만났고 다양한 체험을 할 수 있었다. 날마다 조금씩 지식도 쌓이고 마음의 여유와 지혜도 늘어갈 수 있었다. 세상에는 다양한 제품들이 넘쳐나고 있다. 내가 효능 효과를 믿고 선택해서 판매하는 제품이지만 제품력만을 가지고 고객을 만나면 반만 만나는 것으로 생각하였다. 나라는 상품을 차별화시켜야 했다. 고객은 가치를 알면 가격을 지불한다. 그러기 위해서 첫 번째로 가치를 전달할 수 있어야 했다. 고객이 문제라고 느끼는 부분을 해결해주는 것이 고객이 원하는 행복한 미래를 팔 수 있는 것이다. 그런 과정에서 알게 되려면 많은 것이 필요하지만 성실과 정직이 답이고 차별화이다.

일반 회사에는 매뉴얼이 있어서 신입 사원이 들어오면 매뉴얼대로 가르치면 된다. 수학 문제도 공식대로 풀면 풀린다. 영업은 매뉴얼이 있다고 해도 현장은 끊임없이 변한다. 같은 사례가 드물다. 공식이 있어도 추상적이다. 현장에서 최고의 무기는 정직과 성실이다.

영업은 불특정 다수의 사람을 만나야 하는데 환경이 다르고 교육의 정도, 성격, 건강 상태 등 다 다르므로 처음은 어렵다. 성실과 정직을 기본으로 나만의 방법을 찾아서 실행할 수 있어야 한다. 어렵기에 해냈을 때 성취감도 크고 보상도 클 수 있다.


두 번째는 어느 곳에서나 평균의 법칙이 적용된다. 4명의 친구가 있다고 가정할 때 한 사람은 100만 원을 벌고 두 번째 사람도 100만 원, 세 번째는 200만 원, 네 번째는 400만 원 벌고 있다면 이들의 평균 소득은 200만 원이다. 시간이 지나다 보면 400만 원 소득자는 200만 원으로 내려가게 되어있다. 그래서 성장하려고 노력해야 한다.

일당백을 하는 방법, 정예부대, 좋은 방법이다. 하지만 고객 수를 늘리는 것이 답이다. 숫자는 확률을 높인다. 숫자가 많아지므로 숫자가 가진 힘이 생긴다. 한번 형성되고 나면 무너지기 어렵다.

어떻게 하면 잘할 수 있을까? 고객 수를 늘려서 나만의 고객을 찾아내고 나만의 스타일과 시스템을 기계적으로 돌아갈 수 있도록 해야 오래할 수 있고 잘할 수 있다고 생각했고 실천했다. 나만의 고객과 나만의 영업 방법을 찾기 위해서 보이지 않는 하루를 찾는 방법으로 일찍 출근한다. 여러 가지 활동에 필요한 것들을 준비했다.

준비된 자료를 가지고 단순하게 무조건 만나고 거절당하고, 반복하며 활동 시간을 지속하며 늘려갔다. 자꾸 하다 보니 요령과 지혜도 생기고 잘하게 되면서 나만의 비법도 생겼다. 나만의 방법은 내가 찾고 만들어야 한다. 한 방에 성공하는 것은 없다. 거절당해도 일로 풀어야 진짜 풀리는 거다.


고객 한 명이 늘어난다는 것은, 새로운 세상을 경험하는 것이었다. 내가 만나고 싶은 사람을 만날 수 있는 확률이 높아지는 장점도 있었다. 만남을 통해서 모든 것이 변하기에 어떤 고객을 만나느냐에 때라서 나의 성공이 좌우된다. 내가 만나는 사람 5명의 평균 소득이 나의 소득이라는 통계가 있다. 내 경험으로 봐도 바쁜 사람은 능력 있다는 것이고 능력이 있다는 것은 성실하고 소득이 높다는 것이다. 건강관리가 필요한 사람이 많다.

사람은 끼리끼리 만난다. 신기하게도 만난 적이 없는데 나와 같은 사람이 끌리게 되고 만나게 된다. 경제력 있는 사람은 경제력 있는 사람끼리 만나고 부정적인 사람은 부정적인 사람과 만나게 되는 이유이다.

나에게 시간은 24시간 정해져 있다. 누구를 만날지는 내가 정해야 한다. 내 말을 잘 들어 주는 사람을 붙잡고 하소연하듯이 시간 보내기 영업하면 안 된다. 속은 시원할지 모르지만, 성과는 없다. 아무런 성과 없이 퇴근하는 발걸음은 무겁다. 반드시 정한 목표만큼 꼭 판매 후 귀소한다는 각오로 활동했다. 내 경험으로는 판매로 연결되기까지는 3번에서 6번 정도 만날 수만 있다면 판매로 연결되었다.

상담하다 보면 '건강합니다. 필요 없어요.' 하는 사람이 대부분이다. 그런 분들에게는 '건강은 건강할 때 예방해야 돈도 절약되고 고생도 덜합니다.'라고 예방의 필요성과 중요함에 대해서 설득해야 한다. 기다렸다는 듯이 사는 사람은 거의 없다는 전제하에 상담해야 한다. 고객은 거절 준비가 되어 있고 나는 판매할 준비가 되어 있다.

나의 여유로운 태도에 고객은 마음 문이 열린다. 나중에 효과를 본 고객은 소개받을 수 있다는 것도 마음에 넣어놓고 상담한다. 여러 번 만나는 개척보다 만족한 고객의 소개로 연결되는 경우 판매로 쉽게 체결되었다. 그렇게 고객을 늘려가는 것이다. 1명의 고객 뒤에는 250명의 사람이 있다는 전설적인 세일즈맨 조지라드의 말이 있다. 내 경험으로도 한 사람 뒤에는 최소 친구 몇 3명은 있었다.

공부가 되고 자신감이 넘치면 내가 만나는 고객의 유형도 바뀐다. 나는 고객에게 도움 주는 사람이라는 확신을 가지고 만나다 보면 건강에 관심 있는 사람도 만나게 되었다. 사람을 차별해서 경제적 자유가 있는 사람을 만나는 것은 아니다.

처음에 나는 힘들고 어려운 사람을 찾아다녔다. 시간 투입도 많이 하고 상담을 많이 하면 할수록 마음이 너무 아팠고 그냥 줘보기도 했지만 내가 해결할 수 있는 부분이 아니었다. 가치전달은 가격을 이긴다. 나는 고객에게 무엇과도 바꿀 수 없는 건강이라는 가치를 전하고 있다.

내가 바로 서는 일이 우선이라는 것을 시행착오를 많이 겪으면서 터득할 수 있었다. 그 후 급한 사람은, 건강이 나빠져서 고생한 경험이 있는 사람이었고 돈 생각을 하지 않았다.

제품을 팔아야 내가 살고 농사와 연구에 수억씩 투자하는 회사도 존재할 수 있다. 유한한 시간에 목표를 해내야 하기에 제품을 살 수 있는지가 중요하다. 요즘 같은 세상은 누구나 자신이 필요한 곳에 돈을 투자하기 때문에 누가 구매할지 모르기에 누구에게나 최선을 다해 설명해야 한다. 질병을 앓고 고생하는 사람이라면 건강을 위해서라면 지푸라기라도 잡는다는 심정으로 건강에 투자했다.


고객을 만들어가는 것은 농부가 농사짓는 것과 같다. 농부의 발걸음 소리에 곡식이 자라고 농사가 풍년이 든다. 씨 뿌리고 거름 주고 풀 뽑아 주어야 농사가 잘되듯이 고객도 농사짓는 마음으로 정성으로 만나야 한다. 제품을 설명하고는 직접 발라주어 체험시켜 주고 한 알씩 먹어보게 하여 느낌을 느껴보도록 한다.

공무원이라든지 재력이 있는 사람에게는 돈은 나중에 줘도 된다고 제품을 판매했다. 그런 분들은 처음이 힘들지 나에 대한 믿음과 제품에 대한 믿음이 생기면 거의 평생 고객이 되었다. 건강은 젊게 리모델링하고 싶은 사람에게는 몇 천만의 세트 판매도 가능한 일이다. 나는 매일 대리점 밑에서 판촉 활동하고 요일별로 정한 내 땅에 가서 활동하는 것을 표준 활동으로 정했다. 그곳에서 학교 행정실에 근무하는 고객을 만났다. 학교로 한번 오라고 했다. 남편을 위해서 간에 좋은 남양 931을 구매하고 자신을 위해서는 칼슘과 화장품 구매를 했고, 다른 분들은 세정제를 구매했다. 옮길 때마다 신규 고객이 창출되는 연결고리가 되었다. 지금까지 고객으로 지내고 있다.

제품은 가지고 있어야 적당한 부담감이 생겨 판매된다. 수금도 적당히 깔려 있어야 자주 만날 수 있기에 다음에 달라고 한다. 너무 깨끗하면 다음에 이어지기가 쉽지 않다.


내가 하는 유니베라는 거리 판촉해서도 많은 고객을 만들 수 있는 문턱이 낮은 영업이다. 모든 가정에서 매일 매일 써야 하는 제품이기에 가능하다. 길거리 판촉에서도 고객으로 연결되었다. 소개도 많이 연결되었다.

정석으로 FM대로 하지 않아도 된다. 동네 언니, 동생처럼 편안한 사이로 고객과 지낼 수 있어서 좋다. 요즘같이 갑과 을이 분명한 시대에 을이 되었다가 갑이 될 수 있는 일이 내가 하는 영업 스타일이다. 고객뿐만 아니라 모든 만남은 그 사람이 나에게 선물로 오는 것이고 나도 선물도 그에게 간다.

그 사람은 인생도 오고, 가정도 오고, 과거도 가지고 온다. 나는 그 사람에게 건강한 미래를 주어야 한다. 그러다 보면 나는 꿈을 이루는 선물을 받게 되었다.